"十四五"职业教育国家规划教材

职业教育国家在线精品课程配套教材
高等职业教育公共基础课系列教材

劳动教育与实践

主　编　潘维琴　王忠诚

副主编　刘　爽　侯秋琚　郝　强

参　编　戚　晶　王　丹　石鹃瑜　西志玲

主　审　赵景晖

机械工业出版社
CHINA MACHINE PRESS

本书是"十四五"职业教育国家规划教材，职业教育国家在线精品课程配套教材。

劳动是一切幸福的源泉。本书广泛汲取有关劳动教育理论与实践的研究成果，设置了树立正确的劳动观念、具备必备的劳动技能、大力弘扬三大精神、养成良好的劳动品质、劳动与职业5个单元，共16个劳动主题、32个劳动任务，从观念到基本生活技能养成再到专业行动实践，层层递进、步步引导，旨在帮助学生树立正确的劳动价值观，养成良好的劳动习惯，培养优秀的劳动品质。

本书配有可撕式活页评价手册，用于学生任务完成过程与完成效果的综合评价，与教材中的32个劳动任务完全对应，可将每个任务的评价表装订成册，方便课程结束进行总体评价。

本书配备了42个微课视频、14个动画、48套试题和答案，以及精美的电子课件。读者通过扫描书中二维码即可观看视频和动画，登录机械工业出版社教育服务网www.cmpedu.com可免费下载试题和电子课件。咨询电话010-88379375。

本书可作为高职院校劳动教育课程的教材，也可作为社会各界人士进行劳动教育与实践的辅导读物。

图书在版编目（CIP）数据

劳动教育与实践/潘维琴，王忠诚主编. —北京：机械工业出版社，2021.1（2025.1重印）
高等职业教育公共基础课系列教材
ISBN 978-7-111-67131-2

Ⅰ.①劳… Ⅱ.①潘… ②王… Ⅲ.①劳动教育—高等职业教育—教材 Ⅳ.①G40-015

中国版本图书馆CIP数据核字（2020）第257496号

机械工业出版社（北京市百万庄大街22号 邮政编码100037）
策划编辑：杨晓昱　　责任编辑：杨晓昱
责任校对：黄兴伟　　封面设计：马精明
责任印制：邓　敏
中煤（北京）印务有限公司印刷
2025年1月第1版第10次印刷
184mm×260mm・15.25印张・351千字
标准书号：ISBN 978-7-111-67131-2
定价：69.00元（含手册）

封底无防伪标均为盗版

电话服务　　　　　　　网络服务
客服电话：010-88361066　机　工　官　网：www.cmpbook.com
　　　　　010-88379833　机　工　官　博：weibo.com/cmp1952
　　　　　010-68326294　金　书　网：www.golden-book.com
　　　　　　　　　　　　机工教育服务网：www.cmpedu.com

关于"十四五"职业教育国家规划教材的出版说明

为贯彻落实《中共中央关于认真学习宣传贯彻党的二十大精神的决定》《习近平新时代中国特色社会主义思想进课程教材指南》《职业院校教材管理办法》等文件精神，机械工业出版社与教材编写团队一道，认真执行思政内容进教材、进课堂、进头脑要求，尊重教育规律，遵循学科特点，对教材内容进行了更新，着力落实以下要求：

1. 提升教材铸魂育人功能，培育、践行社会主义核心价值观，教育引导学生树立共产主义远大理想和中国特色社会主义共同理想，坚定"四个自信"，厚植爱国主义情怀，把爱国情、强国志、报国行自觉融入建设社会主义现代化强国、实现中华民族伟大复兴的奋斗之中。同时，弘扬中华优秀传统文化，深入开展宪法法治教育。

2. 注重科学思维方法训练和科学伦理教育，培养学生探索未知、追求真理、勇攀科学高峰的责任感和使命感；强化学生工程伦理教育，培养学生精益求精的大国工匠精神，激发学生科技报国的家国情怀和使命担当。加快构建中国特色哲学社会科学学科体系、学术体系、话语体系。帮助学生了解相关专业和行业领域的国家战略、法律法规和相关政策，引导学生深入社会实践、关注现实问题，培育学生经世济民、诚信服务、德法兼修的职业素养。

3. 教育引导学生深刻理解并自觉实践各行业的职业精神、职业规范，增强职业责任感，培养遵纪守法、爱岗敬业、无私奉献、诚实守信、公道办事、开拓创新的职业品格和行为习惯。

在此基础上，及时更新教材知识内容，体现产业发展的新技术、新工艺、新规范、新标准。加强教材数字化建设，丰富配套资源，形成可听、可视、可练、可互动的融媒体教材。

教材建设需要各方的共同努力，也欢迎相关教材使用院校的师生及时反馈意见和建议，我们将认真组织力量进行研究，在后续重印及再版时吸纳改进，不断推动高质量教材出版。

机械工业出版社

前　言

劳动是人类社会存在和发展的基础，是人类特有的基本社会实践活动，是一切幸福的源泉。劳动教育在实现人的全面发展教育中具有独特的地位，是社会主义道德精神品质教育的重要内容，更是学生成长成才过程中不可或缺的环节。

2018年9月10日，习近平总书记在全国教育大会上强调："要在学生中弘扬劳动精神，教育引导学生崇尚劳动、尊重劳动，懂得劳动最光荣、劳动最崇高、劳动最伟大、劳动最美丽的道理，长大后能够辛勤劳动、诚实劳动、创造性劳动。"

2020年3月20日，中共中央、国务院印发了《中共中央 国务院关于全面加强新时代大中小学劳动教育的意见》，为构建德智体美劳全面培养的教育体系，加强新时代大中小学劳动教育指明了方向。

大学阶段开设劳动教育与实践课程，目的是做好与专业课程、职业生涯规划课程的有效衔接，培养积极参与、吃苦耐劳、爱岗敬业、团队协作等职业素养，弘扬劳模精神、工匠精神，传承新时代劳动精神。

本书是"十四五"职业教育国家规划教材，职业教育国家在线精品课程配套教材。为贯彻落实新时代对劳动教育的新要求，引导大学生树立正确的劳动价值观，掌握必备的劳动技能，本书广泛汲取有关劳动教育理论与实践的研究成果。本书主要特点如下：

1. 内容设置针对大学生的特点

本书设置树立正确的劳动观念、具备必备的劳动技能、大力弘扬三个精神、养成良好的劳动品质、劳动与职业5个单元，从观念到基本生活技能养成再到专业行动实践，层层递进、步步引导，帮助学生树立正确的劳动价值观，养成良好的劳动习惯，培养优秀的劳动品质。这些内容设计与党的二十大报告中关于铸就社会主义文化新辉煌、推进法治中国建设、绿色环保生产生活方式等重要精神的论述高度契合。

2. 任务形式符合教育教学要求

本书设置5个教学单元、16个劳动主题、32个劳动任务，开展任务式教学，通过"劳动任务"来诱发、加强和维持学生的成就动机。每个任务根据任务的具体特点，设置了劳动目标、劳动内容、劳动方法、劳动过程、注意事项、劳动成果等若干环节内容编写，符合教育教学要求。

3. 资源配备突出教材实用实效

本书以培养担当民族复兴大任的时代新人为目标，通过榜样故事、劳模和工匠事迹，让学生感受到榜样的力量，形成百折不挠、敢于担当的高尚品格；通过劳动任务，引导学生合法劳动、安全劳动；通过与之对应的劳动评价手册（可撕式活页手册），促进学生积极参与、团队协作；通过丰富的立体化数字资源，包括42个微课视频、14个动画、48套试题和答案，以及精美的电子课件，帮助教师开展教学，带领学生感受劳动魅力。

本书由辽宁机电职业技术学院教学团队结合多年教学经验，经过反复打磨、精心设计而成的，具体的编写分工见下表。

编者	编写分工
潘维琴、王忠诚	负责教材整体设计、评价手册编写及教材统稿工作
刘爽	单元一主题1；单元二主题1任务1、主题4任务1；单元四主题3任务2
侯秋琚	单元二主题2；单元三主题2、主题3
郝强	单元二主题1任务2；单元三主题1任务2；单元五主题1任务2、主题2
戚晶	单元四主题4、主题5
王丹	单元二主题3；单元四主题1、主题2、主题3任务1
石鹃瑜	单元三主题1任务1；单元五主题1任务1
西志玲	单元一主题2；单元二主题4任务2

在本书编写过程中，借鉴了众多学者的研究成果，参考了相关出版物、文献资料及网站资源，在此向各位专家、学者表示感谢！由于编者水平有限，书中难免有不足之处，敬请广大读者批评指正！

编 者

目 录

前言

单元一 树立正确的劳动观念

主题 1　认识劳动（微课 1）……………………………… 001
　　任务 1　头脑风暴：当今社会环境下如何正确
　　　　　　看待劳动（动画 1，微课 2）………………… 005
　　任务 2　劳动法律现象辨析（动画 2，微课 3）……… 008
主题 2　体验劳动（微课 4）……………………………… 013
　　任务 1　制订学期劳动计划（微课 5）………………… 014
　　任务 2　制作劳动教育宣传板（微课 6）……………… 017

单元二 具备必备的劳动技能

主题 1　专业实践提升生产技能（动画 3）……………… 020
　　任务 1　汽车洗护（微课 7）…………………………… 021
　　任务 2　人工智能编程应用（微课 8）………………… 031
主题 2　职业技能竞赛提升职业技能（微课 9）………… 039
　　任务 1　营销策划（微课 10）………………………… 041
　　任务 2　营销实践（动画 4）…………………………… 045
主题 3　家务劳动提升生活技能（微课 11）……………… 049
　　任务 1　"断舍离"整理术（微课 12）………………… 050
　　任务 2　烹饪技能（微课 13）………………………… 054
主题 4　公益劳动提升社会技能（动画 5）……………… 061
　　任务 1　垃圾分类讲解员（动画 6，微课 14）……… 062
　　任务 2　疫情防控宣讲员（微课 15）………………… 066

单元三 大力弘扬三个精神

主题 1　弘扬劳动精神——成为有素质的劳动者（微课 16）…… 069
　　任务 1　陶艺制作（动画 7，微课 17）……………… 070
　　任务 2　木艺孔明锁制作（微课 18）………………… 075
主题 2　弘扬工匠精神——成为优秀的劳动者（微课 19）… 081
　　任务 1　寻找本专业技能大师（动画 8）……………… 082
　　任务 2　观摩大师精湛技艺（微课 20）……………… 084

Contents

主题3　弘扬劳模精神——成为影响别人的劳动者
　　（微课21）⋯⋯⋯⋯⋯⋯⋯⋯⋯⋯⋯⋯⋯⋯⋯⋯⋯⋯ **087**
　　任务1　对身边的劳动模范进行访谈
　　　　　（动画9，微课22）⋯⋯⋯⋯⋯⋯⋯⋯⋯⋯⋯ **089**
　　任务2　与劳模一起工作（微课23）⋯⋯⋯⋯⋯⋯⋯ **092**

单元四　养成良好的劳动品质

主题1　合法劳动（微课24）⋯⋯⋯⋯⋯⋯⋯⋯⋯⋯⋯⋯⋯ **096**
　　任务1　合法设计标识（微课25）⋯⋯⋯⋯⋯⋯⋯⋯ **097**
　　任务2　合法快递（微课26）⋯⋯⋯⋯⋯⋯⋯⋯⋯⋯ **100**
主题2　安全劳动（微课27）⋯⋯⋯⋯⋯⋯⋯⋯⋯⋯⋯⋯⋯ **103**
　　任务1　换灯具（微课28）⋯⋯⋯⋯⋯⋯⋯⋯⋯⋯⋯ **104**
　　任务2　户外安全摄影（微课29）⋯⋯⋯⋯⋯⋯⋯⋯ **107**
主题3　辛勤劳动（微课30）⋯⋯⋯⋯⋯⋯⋯⋯⋯⋯⋯⋯⋯ **111**
　　任务1　种植蔬菜（微课31）⋯⋯⋯⋯⋯⋯⋯⋯⋯⋯ **111**
　　任务2　实训室"8S"管理（微课32）⋯⋯⋯⋯⋯⋯ **115**
主题4　协作劳动（动画10）⋯⋯⋯⋯⋯⋯⋯⋯⋯⋯⋯⋯⋯ **121**
　　任务1　小组协作植树（微课33）⋯⋯⋯⋯⋯⋯⋯⋯ **122**
　　任务2　公司年会的策划和组织（动画11）⋯⋯⋯⋯ **126**
主题5　诚实劳动（微课34）⋯⋯⋯⋯⋯⋯⋯⋯⋯⋯⋯⋯⋯ **131**
　　任务1　学习诚信网络销售（动画12，微课35）⋯⋯ **132**
　　任务2　诚实维修——以小家电"电热水壶"
　　　　　维修为例（动画13，微课36）⋯⋯⋯⋯⋯⋯ **137**

单元五　劳动与职业

主题1　劳动与创新创业（微课37）⋯⋯⋯⋯⋯⋯⋯⋯⋯⋯ **142**
　　任务1　手工编绳饰品的制作和销售（微课38）⋯⋯ **143**
　　任务2　撰写创业计划书（动画14，微课39）⋯⋯⋯ **148**
主题2　劳动与职业发展（微课40）⋯⋯⋯⋯⋯⋯⋯⋯⋯⋯ **156**
　　任务1　体验现代科技条件下劳动实践新形态、
　　　　　新方式（微课41）⋯⋯⋯⋯⋯⋯⋯⋯⋯⋯⋯ **156**
　　任务2　职业劳动实践（微课42）⋯⋯⋯⋯⋯⋯⋯⋯ **159**

参考文献
评价手册

单元一 树立正确的劳动观念

主题 1 认识劳动

概 述

一、劳动的内涵

（一）劳动概述

劳动，是人类实践活动的一种特殊形式，多指创造物质财富和精神财富的活动。在《中国大百科全书（哲学卷）》中，劳动被定义为"是人类特有的基本的社会实践活动，也是人类通过有目的的活动改造自然对象并在这一活动中改造人自身的过程"。在经济学中，劳动则是指劳动力（含体力和脑力）的支出和使用。马克思主义劳动观认为"劳动是人类的本质活动"，是区分人与动物的重要标志。

（二）习近平新时代中国特色社会主义思想关于劳动的重要论述

劳动是推动人类社会进步的根本力量。党的十八大以来，习近平总书记关于劳动的一系列重要论述，在继承和发展马克思主义劳动思想的基础上，回应了新时代中国特色社会主义发展所面临的新使命和新课题，形成了"实干兴邦"的劳动实践观、"民族复兴"的劳动发展观、"崇尚劳动"的劳动价值观、"热爱劳动"的劳动教育观，构筑起以劳动支撑新时代中国特色社会主义伟大事业的实践路径。

1. 劳动实践观

习近平总书记指出，要坚持实干兴邦，始终坚持和发展中国特色社会主义。只有在全社会牢固树立崇尚劳动、劳动光荣的"实干"精神，才能实现"兴邦"的伟大梦想。新时代中国特色社会主义劳动思想夯实了全民族"实干兴邦"的劳动实践观，鼓励以辛勤劳动、诚实劳动、创造性劳动成就伟大梦想。"人类是劳动创造的，社会是劳动创造的。"（习近平，

《在知识分子、劳动模范、青年代表座谈会上的讲话》,《人民日报》2016年04月30日02版)这一论述立足于唯物史观,强调了劳动对人类的重要性,进一步指出无论时代条件如何变化,人类文明进步的历史事实告诉人们,劳动不仅创造了人类,也是人类基本的实践活动和存在方式,更是人类生存和发展的最基本条件,还是人类创造物质财富和精神财富的基本途径。从马克思的"劳动创造了人本身"到习近平强调"劳动是人类的本质活动",既是对唯物史观劳动思想的继承与发展,也是"劳动是人类的本质活动"这一思想在新时代中国特色社会主义伟大事业中的生动体现。从这个意义上讲,习近平新时代中国特色社会主义劳动思想是对马克思主义劳动哲学的继承和发展,是马克思主义中国化的最新成果,是新时代中国特色社会主义理论体系的重要组成部分。

2. 劳动发展观

习近平总书记指出,"劳动是推动人类社会进步的根本力量"(习近平,《在同全国劳动模范代表座谈时的讲话》,《人民日报》2013年04月29日02版),"劳动是一切成功的必经之路"(《习近平在乌鲁木齐接见劳动模范和先进工作者、先进人物代表 向全国广大劳动者致以"五一"节问候》,《人民日报》2015年05月01日01版)。这些论述深刻地阐释了劳动创造的哲学意义,重申和强调了劳动创造的历史价值和重要意义,丰富和发展了马克思主义劳动观。劳动不仅创造了人类,而且创造了社会,并推动着社会历史滚滚向前发展,正是站在这样的理论高度上,习近平总书记深刻指出,"人民创造历史,劳动开创未来"。从马克思认为"劳动是任何一个民族存在和发展的基础",到习近平的"劳动开创未来",进一步揭示了劳动与社会发展的本质联系。所以,全面建成小康社会、建成富强民主文明和谐美丽的社会主义现代化国家、实现中华民族伟大复兴,根本上需要依靠劳动,依靠劳动者创造。

3. 劳动价值观

十九大报告提出,要"弘扬劳模精神和工匠精神,营造劳动光荣的社会风尚和精益求精的敬业风气"。从国家层面上讲,我们要始终弘扬劳模精神、劳动精神、工匠精神,为实现中华民族伟大复兴的中国梦注入强大的精神动力。从社会层面上讲,弘扬劳模精神有利于在全社会营造"崇尚劳动"的浓厚氛围和精益求精的敬业风气,为中国特色社会主义事业汇聚起强大的正能量。从个人层面上讲,榜样的力量是无穷的,劳模精神、劳动精神、工匠精神可以感染并引领广大劳动者勤奋做事、勤勉为人、勤劳致富,培育践行社会主义核心价值观。

二、劳动的要素

劳动的要素是:劳动客体(劳动对象)、劳动中介(劳动工具)、劳动主体(劳动者)。劳动是这三要素所组成的静态结构以及这三要素相互作用的动态过程。

(一)劳动客体

劳动客体,又叫作劳动对象,是劳动活动作用于其上的客观物质实体。一般而言,劳动客体包括两大类：未经人类改造的天然的、纯粹自然的客体和经过人类改造的人工客体。前者不包含人的劳动，后者则是天然客体与人的劳动活动的合成物，已经物化、凝结了人的劳动活动。

（二）劳动中介

劳动中介，又叫作劳动工具，是人类赖以与自然界进行物质变换的桥梁和通道，是人类实现改造自然、创造物质财富的目的的绝对必要的手段。劳动中介不仅仅实现了劳动生产力的量的增长，更重要的是，它使人的劳动与动物的活动具有了本质区别，可以说，制造和使用工具是劳动的本质特征，而不制造和使用工具的活动就不能叫作劳动。

（三）劳动主体

劳动主体，又叫作劳动者，是整个劳动过程的出发点，是直接物质资料生产的发起者，是通过制造和使用工具改造自然界的积极的、主动的、能动的创造力量。劳动者的积极性、主动性、能动性和创造性表现在：第一，他是劳动目的的设定者，劳动或者是为了满足劳动者的自然物质需要，或者是为了满足劳动者的主体性需要，或者是为了同时满足这两种需要；第二，劳动者是劳动计划的制订者，劳动总是按照劳动者事先制订的程序和蓝图而展开的；第三，劳动者是劳动工具的制造者和使用者，即使是智能化和自动化的劳动工具，最终也离不开劳动者的设计、制作、操纵和控制；第四，劳动者是劳动对象的发现者、加工者和改造者；第五，劳动者是劳动结果即劳动产品的吸收者和消化者，他们不仅把劳动产品看作是劳动目的的实现和对自己辛勤劳动的回报，而且将其看作是自己主体性力量的实现和确证。人们不仅通过物质消费活动吸取来自自然界的物质、能量和信息，而且通过精神消费活动来吸取劳动产品中所包含的精神价值和意义。

三、劳动教育的目标及价值

（一）劳动教育的目标

劳动教育是新时代党对教育的新要求，是中国特色社会主义教育制度的重要内容，是全面发展教育体系的重要组成部分，是大中小学必须开展的教育活动。劳动教育是社会主义教育的重要特征，它以马克思主义"人的全面发展"学说为指导，为我们提供了坚实的理论基础。在社会主义教育中，劳动教育既是教育内容，也是教育目的，意在培养广大青少年的劳动本领，树立劳动光荣的价值观念，保持作为社会主义国家主人翁和建设者的光荣本色。从这个意义上说，劳动教育是培养社会主义建设者和接班人的重要途径。

劳动育人的目标是全面发展。在社会主义社会，劳动人民是主体，时代新人是劳动人民的重要来源和关键人群。社会主义高校要培养时代新人，必须兼顾人和社会的共同诉求，以多元化、高质量的劳动教育培养全面发展的人：一是树立正确的劳动观念。正确理解劳动是人类发展和社会进步的根本力量，认识劳动创造人、劳动创造价值、创造财富、创造美好生活的道理，尊重劳动，尊重普通劳动者，牢固树立劳动最光荣、劳动最崇高、劳动最伟大、劳动最美丽的思想观念。二是具有必备的劳动能力。掌握基本的劳动知识和技能，正确使用常见劳动工具，增强体力、智力和创造力，具备完成一定劳动任务所需要的设计、操作能力及团队合作能力。三是培育积极的劳动精神。领会"幸福是奋斗出来的"的内涵与意义，继承中华民族勤俭节约、敬业奉献的优良传统，弘扬开拓创新、砥砺奋进的时代精神。四是养成良好的劳动习惯和品质。能够自觉自愿、认真负责、安全规范、坚持不懈地参与劳动，形成诚实守信、吃苦耐劳的品质。珍惜劳动成果，养成良好的消费习惯，杜绝浪费。

（二）劳动教育的价值

劳动教育的重要价值就是要帮助人认识劳动的价值和意义，将劳动看作一个完整的人全面实现人生价值的实践活动，以高度的使命感将主体的建构与人的发展作为终极关怀，真正发挥引领社会的功能。大学生肩负实现中华民族伟大复兴中国梦的历史使命，新时代大学生劳动教育关涉中国特色社会主义教育体系的完善和形塑时代新人的未来指向。

1. 劳动教育奠基中国梦

马克思曾经指出："任何一个民族，如果停止劳动，不用说一年，就是几个星期，也要灭亡，这是每一个小孩子都知道的。"坚持劳动教育是对马克思主义劳动观的继承和发展，是植根于中国人内心的民族基因，劳动教育直接决定社会主义建设者和接班人的劳动价值取向、劳动精神风貌和劳动素养水平，助推中华民族伟大复兴中国梦的实现。新时代大学生与"两个一百年"奋斗目标同向同行，是实现中华民族伟大复兴中国梦的接班人，因此必须深化正确的劳动价值观。

2. 劳动教育完善育人体系

新时代中国特色社会主义教育性质决定了培养有劳动素养的时代新人是中国教育的价值旨归之一。劳动教育是中国特色社会主义教育制度的重要组成部分，也关系到高校培养什么人、如何培养人以及为谁培养人的根本问题。习近平总书记提出"培养德智体美劳全面发展的社会主义建设者和接班人"是对"培养什么人"所发出的时代动员令。加强大学生劳动教育是要引导大学生充分认识劳动的价值，深刻理解劳动教育的内涵，培养热爱劳动、尊重劳动者、珍惜劳动成果的情感态度，塑造诚实劳动的优良品德，养成勤于劳动的自觉习惯，涵养创造劳动的青春气魄。有目的、有计划地组织大学生参加生产劳动和服务性劳动，有利于提高大学生就业择业、适应社会的能力，有利于形成更高水平的人才培养体系，有利于培养德智体美劳全面发展的新时代人才，从而加快推进教育现代化、建设教育强国。

3. 劳动教育打造时代新人

劳动教育的核心是劳动价值观教育，劳动价值观直接影响着大学生走上就业岗位后的就业取向、社会责任。培育大学生的劳动精神，使他们始终保持锐意进取、奋发有为的精神状态，通过劳动教育增进大学生对劳动"四最"的价值认知，厚植崇尚劳动、尊重劳动的情怀，养成辛勤、诚实、创新劳动的习惯，做"懂劳动、会劳动、爱劳动"的时代新人，练就过硬本领，成为知识型、技能型、创新型的高素质劳动者，才能担当起社会主义建设的重任。

四、劳动法的含义

"劳动法"是国家为了保护劳动者的合法权益，调整劳动关系，建立和维护适应社会主义市场经济的劳动制度，促进经济发展和社会进步，根据宪法而制定颁布的法律。从狭义上讲，我国"劳动法"是指 1994 年 7 月 5 日第八届全国人民代表大会常务委员会第八次会议通过，1995 年 1 月 1 日起施行的《中华人民共和国劳动法》（该法于 2009 年 8 月 27 日、2018 年 12 月 29 日经两次修改）；从广义上讲，"劳动法"是调整劳动关系的法律法规，以及调整与劳动关系密切相关的其他社会关系的法律规范的总称，具体包括《中华人民共和国劳动法》《中华人民共和国劳动合同法》《中华人民共和国劳动合同法实施条例》及其他法律、法规等。

"劳动法"是维护人权、体现人本关怀的一项基本法律，关系到我们每个人的生活，我们无时无刻不在"劳动法"的保护和约束之中。作为劳动者，我们应对《中华人民共和国劳动法》《中华人民共和国劳动合同法》等相关法律有一定的了解，以便我们在劳动合同的订立、履行及解除等过程中，能够正当而合法地维护自身的合法权益。

在大学毕业生就业制度改革逐步走向市场化、法制化的今天，大学毕业生既是就业改革的直接承受者，又是参与就业的主体。因此，大学毕业生在整个择业、就业的过程中，尤其要增强法律意识，学会用法律武器保护自身的合法权益。

本主题设计了"头脑风暴：当今社会环境下如何正确看待劳动"和"劳动法律现象辨析"两个任务，以加深学生对劳动的认识，懂得劳动最光荣、劳动最崇高、劳动最伟大、劳动最美丽的道理，树立正确的劳动观念，成为全面发展的人。

任务1 头脑风暴：当今社会环境下如何正确看待劳动

● 劳动目标

1. 正确认识劳动。
2. 理解劳动教育的目标。
3. 体会劳动教育的价值。

● 劳动内容

深刻理解劳动的内涵，树立"实干兴邦"的劳动实践观、"民族复兴"的劳动发展观、"崇尚劳动"的劳动价值观。以小组为单位，采取头脑风暴的方法形成结论，并采用录制视频的方式呈现结论。

劳动教育与实践

● **劳动方法**

1

2

3

4

5

1. 本任务中主要涉及以下劳动方法
   1）搜集劳动相关资料。
   2）头脑风暴小组研讨。
   3）撰写结论总结。
   4）录制编辑视频。
   5）成果展示。

2. 信息资料搜集常用方法
   1）浏览器搜索。
   2）阅读相关书籍、报刊。
   3）观看或收听相应的频道。
   4）向相关人员进行咨询。
   5）购买专业机构的相关信息。

3. 展开头脑风暴的方法
   1）联想反应：人人提出一个新的观念，引发他人的联想。
   2）热情感染：人人自由发言、相互影响、相互感染，形成热潮，突破固有观念的束缚。
   3）竞争意识：人人争先恐后，竞相发言，不断地开动思维机器，力求有独到见解。
   4）个人欲望：人人畅所欲言，不受任何干扰和控制，提出大量的新观念。

4. 小组研讨法
   1）自己想：围绕劳动概念、新时代劳动价值观、劳动要素、劳动教育目标、劳动教育意义等研讨内容各自思考。
   2）轮流说：所有成员讲出意见并写在纸上。
   3）大家议：小组成员对每一条意见进行讨论，如有不清楚的可以提问，进一步澄清解释。

5. 视频录制法
   可参考但不限于以下方法：
   1）案例法：结合社会案例，诠释对劳动的认知。
   2）讲述法：小组成员出镜，讲述对劳动的认识。
   3）图文法：以图片结合文字的形式，描述对劳动的理解。

劳动过程

1. 明确任务，搜集资料

教师下发"认识劳动"任务，同学们接收任务后，明确劳动内容，进行信息资料查询与搜集。

2. 形成头脑风暴小组

头脑风暴小组人数以 6~12 人为宜，建议随机分组，教师作为主持人，只主持会议，对发言不作评论。每组设记录员 1 人，要求认真将小组成员每一个设想不论好坏都完整地记录下来。

3. 头脑风暴小组研讨

主持人公布研讨主题，控制好时间，力争在有限的时间内获得尽可能多的创意性想法。参与同学每人在规定时间内可自由发言，谈谈自己对劳动的认识。记录员记录每一名同学的发言要点，形成发言一览表。所有同学均发言完成后，开始质疑阶段，即每名同学针对小组同学的发言观点提出批评和新的观点，进行到没有问题可以质疑时为止。最后小组全员一起形成一份"劳动认识一览表"，见表1-1，由教师进行评价。

表1-1 劳动认识一览表

班级：　　　　　　　　　小组：　　　　　　　　　记录人：

序号	项目	内容记录	观点提出人
1	劳动的内涵		
2	劳动的要素		
3	劳动教育的目标		
4	劳动教育的价值		

过程总结：

教师评价：

4. 录制视频

以小组为单位，利用熟悉的媒体软件进行视频录制，可以故事、案例、图文、脱口秀等多种形式呈现对劳动的认识。

5. 成果展示

面向班级全员进行视频展示，完成劳动成果展示表。

注意事项 头脑风暴小组讨论时,不要打断别人的发言,如有不同观点,要在同学发言结束后阐述自己持有的不同观点。视频录制时可选用不同的媒体平台,形式不限于视频录制法中提到的3种方法,可自行设计,灵活安排,以最好的效果呈现对劳动的认识。

● 劳动成果

本任务劳动成果包括"劳动认识一览表"文档及"认识劳动"视频,见表 1-2。

表 1-2 劳动成果展示表

序号	劳动成果名称	劳动成果形式	备注
1	劳动认识一览表	文档	团队成果
2	认识劳动	视频	团队成果

 任务2 劳动法律现象辨析

● 劳动目标

构建和谐的劳动关系。
1. 了解劳动相关法律。
2. 树立合法劳动的观念。
3. 树立正确的劳动价值观。

● 劳动内容

了解劳动相关法律,对劳动案例依法辨析,以小组为单位,依据案例内容,搜集学习相关的法律条文,撰写劳动法律现象辨析报告。

● 劳动方法

本任务中主要通过案例分析法和相关法律条款对劳动案例进行辨析。

案例分析法

1. 读懂案例,记录要点

反复阅读案例,对案例中的相关信息了然于胸。在阅读的过程中,对案例中的背景、主要事实及意见、面临的难题及重要论点等内容进行一一记录,如图 1-1 所示。

2. 分析准备

对案例中的主要角色所面临的问题、活动或困难进行分析是不可缺少的一个环节。在这个过程中，至关重要的是搜集全部已知事实，并且要对每一项事实进行认真评估、仔细区别、筛选分类，如图1-2所示。必须要注意的是，不能仅依靠案例中所给的数据或事实来进行简单的分析，因为这些数据及事实有一些是表面现象，必须去伪存真，才能保证分析的正确性。

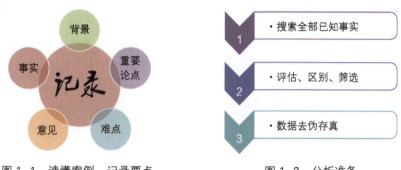

图1-1　读懂案例，记录要点　　　　图1-2　分析准备

3. 概括问题

对案例进行认真分析，找出问题的症结所在，并对需要解决的问题进行概括，如图1-3所示。这一环节至关重要且具有一定的难度，它需要分析者在详细理解问题的基础上，做出一些合理的假设，要能够通过现象看本质。

4. 分析问题

针对案例中概括提炼出的问题，列出每个问题对应的分析标准和依据，并以此来分析问题，提出解决方案，如图1-4所示。

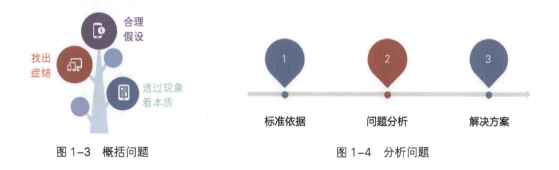

图1-3　概括问题　　　　图1-4　分析问题

5. 方案对比

要把各个处理方案放在一起进行优劣对比，在经过反复衡量和比较后，确定解决现有问题的最佳方案，阐述其理由，同时指出被淘汰方案的缺陷所在，最后对方案的计划实施提出建议。

劳动法律部分条款及解析见表1-3。

表 1-3 劳动法律部分条款及解析

序号	条款名称	内容	解析
1	《中华人民共和国劳动合同法》第七条	用人单位自用工之日起即与劳动者建立劳动关系。用人单位应当建立职工名册备查	自用工之日起劳动者即与用人单位之间建立劳动关系
2	《中华人民共和国劳动合同法》第十条	建立劳动关系,应当订立书面劳动合同	规定了用人单位应当采取书面形式与劳动者签订劳动合同,以便明确双方之间的权利和义务关系
3	《中华人民共和国劳动合同法》第十一条	用人单位未在用工的同时订立书面劳动合同,与劳动者约定的劳动报酬不明确的,新招用的劳动者的劳动报酬按照集体合同规定的标准执行;没有集体合同或者集体合同未规定的,实行同工同酬	未签订书面劳动合同的情况下,劳动者的工资应当参照集体合同或同工同酬
4	《中华人民共和国劳动合同法》第八十二条	用人单位自用工之日起超过一个月不满一年未与劳动者订立书面劳动合同的,应当向劳动者每月支付二倍的工资。用人单位违反本法规定不与劳动者订立无固定期限劳动合同的,自应当订立无固定期限劳动合同之日起向劳动者每月支付二倍的工资	用人单位与劳动者应当以书面的形式建立劳动关系,未订立书面劳动合同的,应自用工之日起1个月内订立书面劳动合同。用人单位自用工之日起超过1个月不满1年未与劳动者订立书面劳动合同的应当向劳动者每月支付二倍的工资,并与劳动者补订书面劳动合同。对于用人单位来说,自用工之日起满1年不与劳动者订立书面劳动合同的,视为用人单位与劳动者已订立无固定期限劳动合同。对劳动者而言,用工之日起1个月内,经用人单位书面通知后,劳动者不与用人单位订立书面劳动合同的,用人单位应当书面通知劳动者终止劳动关系,无须向劳动者支付经济补偿,但是应当依法向劳动者支付其实际工作时间的劳动报酬。自用工之日起超过1个月不满1年,劳动者不与用人单位订立书面劳动合同的,用人单位应当书面通知劳动者终止劳动关系,支付经济补偿

● **劳动过程**

1. 明确任务

教师下发"劳动法律现象辨析"任务,将劳动案例发放给每组同学,由同学提出该处理结果是否合理?同学们接收任务后,明确劳动内容,形成小组,进行角色扮演,每组选派"法官""法官助理""书记员",明确分工。

【案情概述】

2017年8月1日，梁某大学毕业，入职某食品公司，从事检验工作，双方口头约定梁某月工资为4000元。梁某入职时，公司负责人告知其3个月试用期后签订书面劳动合同，但是双方一直未签订书面劳动合同。2019年7月31日，梁某与食品公司解除劳动关系。梁某要求食品公司支付2018年8月至2019年7月期间未与其签订无固定期限劳动合同的第二倍工资，该公司拒绝支付。梁某遂向劳动人事争议仲裁委员会（以下简称仲裁委员会）申请仲裁。

申请人梁某请求：裁决食品公司支付2018年8月至2019年7月期间未签订无固定期限劳动合同的第二倍工资48000元。

处理结果：仲裁委员会裁决驳回梁某的仲裁请求。

2. 小组研讨

以小组为单位搜集与本案例相关的法律资料，"书记员"将每名同学在规定时间内搜集到的信息进行归纳汇总，以小组为单位，共同提炼出案由，归纳出案件焦点，总结案件存在的争议与分歧，每组"法官助理"填写"劳动现象法律辨析报告"（见表1-4）中的前3项。

表1-4 劳动现象法律辨析报告

班级： 　　　　　　小组： 　　　　　　记录人：

序号	项目	内容
1	案由	
2	案件焦点	
3	争议与分歧	
4	依据相关法律条文及内容	
5	辨析理由	
6	案例启示	

过程总结：

教师评价：

3. 案例分析

因本案例涉及法律知识，专业性较强，教师需根据学生填写内容进行指导，提供与本案相符的法律依据，学生通过自学及教师指导对相关法律进行较深入的了解。在充分了解相关法律的基础之上，小组研讨，进行案例辨析，凝练分析理由。然后，"法官助理"填写"劳动现象法律辨析报告"中的"辨析理由"及"案例启示"内容。最后，"法官"总结此案例引发的启示。

分析提示：本案例涉及的条款包含《中华人民共和国劳动合同法》第七条、第十条、第十四条、第三十九条、第四十条、第八十二条，按照表1-3中的劳动法律部分条款进行分析，对表1-3中没有罗列的条款，需要进行信息搜集，整理出案例相关的法律条文，"法官助理"填写表1-4中的第4项。

4. 成果展示

根据辨析报告，每组"法官"面向班级全员进行案件辨析陈词，模仿法官做案件审判。

注意事项　该任务的完成一定要以法律为依据，充分了解相关法律条文，对法律条文理解过程中存在的难点，要通过小组研讨、教师引导、求助专家等途径充分解决。在此基础上可搜集类似案例，查看案件解析，以便更加快捷有效地完成任务，对案例进行合理合法的辨析。

● 劳动成果

该任务的劳动成果包括劳动现象法律辨析报告及"案件审判"视频，见表1-5。

表1-5　劳动成果展示表

序号	劳动成果名称	劳动成果形式	备注
1	劳动现象法律辨析报告	文档	团队成果
2	案件审判	视频	团队成果

主题 2 体验劳动

概 述

一、什么是体验劳动

感性知识是在一定情境中对客观世界进行重构实践的产物，总是同特定的实践情境和所建构的特定世界相关。体验劳动是学习和创造感性知识的重要途径，只有通过体验实践才能不断探索和认识自然与社会的发展规律，获得对客观事物的正确认识。

体验劳动是在自我锻炼的实践过程中，不断寻求提升和实现自身价值的机会。在劳动体验中培育新时代劳动精神是大学生提高自我修养、塑造优良道德品质、养成健全人格、获得自我认可的有效途径。大学生可以通过创新创业、实习实训、专业服务、社会实践、志愿服务、勤工助学等活动体验劳动。

二、体验劳动的意义

劳动教育具有鲜明的实践育人属性，在校园内外开展劳动体验活动，可以帮助学生树立正确的劳动观，具体意义如图 1-5 所示。

图 1-5 体验劳动的意义

首先，可以加强"感性劳动知识"的学习，在实践中提高大学生的动手能力、学习能力和创新能力，掌握一定的专业劳动技能，培养良好的劳动习惯，积累职业经验，为将来走向工作岗位奠定基础。

其次，由于感性知识具有模糊性与内隐性的特点，通过劳动实践锻炼，还可以进一步加深对课堂上所学理性知识的理解，实现感性知识与理性知识的融会贯通。

最后，劳动实践锻炼还可以让学生在劳动过程中感受劳动的意义和快乐，发现和感悟关于生命、人生、价值等层面的道理，体会劳动创造美好生活，懂得空谈误国、实干兴邦的深刻道理，实现"感性劳动知识"向"活性劳动知识"的转化和升华。

本主题设有两个劳动任务，任务1是个人任务，内容为制订学期劳动计划，要求劳动计划的内容为勤工助学或者志愿服务。任务2是团队任务，要求制作劳动教育宣传板，主要宣传任务1完成的过程情况及效果。勤工助学与志愿服务可以很好地促进大学生德、智、体、美、劳全面发展，帮助大学生更好地认清国情和了解人民需要，以劳动精神引导自身去服务他人、服务社会，在劳动的过程中用五官去感知、用劳动去创造、用行动去改变，努力实现人生价值，创造无悔青春。下面让我们一起开启劳动体验之旅！

 任务1　制订学期劳动计划

● 劳动目标

在勤工助学或志愿服务两个方向中选择其中一项，以学期为单位制订个人劳动计划。

● 劳动内容

1. 明确劳动任务，制订学期劳动计划。
2. 确定阶段性中心任务和工作重点。
3. 分解劳动内容，以求让预期目标具体化、明确化。
4. 明确计划实施的地点与时间，了解计划实施的环境条件和限制，以便合理安排计划实施的空间组织和布局。
5. 形成最终成果。

● 劳动方法

本任务中主要涉及以下劳动方法：
1. 搜集信息资料，确定思路方向，全面了解勤工助学和志愿服务。
2. 小组研讨，集思广益，认真听取大家的意见，做好前期准备。
3. 问卷调查，进行自我分析。

● 劳动过程

1. 汇总整理搜集到的信息资料，在勤工助学或志愿服务两个方向中做出选择。
2. 结合小组研讨中大家所提出的意见或建议，梳理、完善个人思路。
3. 填写调查问卷，完成自我分析，具体内容见表1-6，其中第4、5、6、11、12、13、16项为不定项选择，其余项为单项选择。
4. 制订以学期为单位的个人劳动计划，具体参照表1-7。

表 1-6 体验劳动调查问卷

序号	项目	选项
1	你的年级是?	A. 大一　　　　B. 大二　　　　C. 大三
2	你对勤工助学或志愿服务的态度是?	A. 大学生应该经常做兼职,提升自身能力,丰富业余生活,还可以赚点零花钱 B. 大学生还是以学业为主,没必要做兼职 C. 对兼职没兴趣,宅在宿舍最好了
3	你参加过勤工助学或志愿服务吗?	A. 是　　　　B. 否
4	你通过何种方式了解到勤工助学或志愿服务的有关信息?	A. 自己在网上、校外店铺里找到的兼职信息 B. 学校宣传栏、宿舍楼下、食堂等地方张贴的广告 C. 学校统一组织的 D. 朋友之间介绍 E. 辅导员、班级短信推送
5	你做勤工助学或志愿服务的目的是?	A. 补贴家用,赚取学费 B. 让自己有更多的生活费,买喜欢的东西 C. 走入社会,增加工作经验,提高能力 D. 拓展朋友圈,认识更多的人
6	你在选择兼职时,哪些因素你考虑得最多?	A. 薪资　　　　B. 环境　　　　C. 工作地点 D. 可获得的经验　　E. 安全性　　F. 工作时间
7	你的父母对于你进行勤工助学或志愿服务的态度是?	A. 支持,可以让孩子得到锻炼 B. 无所谓,听从孩子意见 C. 不支持,会影响到学习
8	你在进行勤工助学或志愿服务时,是否会与对方签订协议?	A. 当然会,为了给自己一份保障 B. 不一定,要看对方有没有这个意向 C. 不会,觉得太麻烦了
9	你对学校组织的勤工助学或志愿服务活动是否了解?	A. 很了解,经常关注 B. 不太了解,偶尔会看到 C. 不了解,根本没听说过
10	校内与校外的勤工助学或志愿服务相比,你更倾向于哪个?	A. 校内　　　　B. 校外
11	如果勤工助学或志愿服务过程中受到不公平待遇,你会如何解决?	A. 与兼职单位领导交涉 B. 向学校和家长寻求帮助 C. 询问朋友的意见 D. 忍气吞声

单元一

（续）

序号	项目	选项
12	如果你从来没有做过勤工助学或志愿服务，原因是？	A. 没有时间，学习太忙了 B. 不知道勤工助学的信息，无处下手 C. 获得的报酬太少，又累，不高兴做 D. 家里反对，父母不支持 E. 生活费足够了，没有必要 F. 没有找到合适的岗位
13	勤工助学或志愿服务会给你的生活带来哪些重要的变化？	A. 课余时间更加丰富 B. 消费水平变高 C. 进一步了解社会 D. 增强了沟通能力
14	你认为勤工助学或志愿服务的经历对以后踏上社会有用吗？	A. 没有用　　　B. 一般　　　C. 非常重要
15	你认为勤工助学或志愿服务会影响学习吗？	A. 不会　　　B. 会　　　C. 不清楚
16	你认为勤工助学对你获得社会实践经验有什么意义？	A. 增加对社会的了解 B. 锻炼人际交往能力 C. 把理论知识运用到实践 D. 积累工作经验

表1-7　学期劳动计划示例

姓　　名	XXX
性　　别	X
政治面貌	XXXX
所在院系	XXXXX
专　　业	XXXXX
学　　号	XXXXXXX
劳动方向	勤工助学或志愿服务（二选一）
劳动形式	个人或团体（如是团体，注明团队成员）
劳动地点	XXX
劳动岗位	XXX
劳动内容	XXX

（续）

劳动时间	以学期为周期，具体到小时
劳动频次	以天、周、月为单位
预期劳动成果	体验劳动的过程图片、视频、收获

注意事项
- 在制订学期劳动计划之前，要充分结合自身实际，选择开展勤工助学或志愿服务。
- 要坚持问题导向，学期劳动计划制作的过程要紧紧围绕自身能力提升、团队意识培养、劳动习惯养成等方向有针对性地开展。

● 劳动成果

劳动成果为以学期为单位的个人劳动计划，具体见表1-8。

表1-8 劳动成果展示表

劳动成果名称	劳动成果形式	备注
学期劳动计划	文档	个人成果

 制作劳动教育宣传板

● 劳动目标

1. 以小组为单位，制作劳动教育宣传板。
2. 宣传板共分为4个主题，即："劳动引领班风学风建设""劳动塑造团队协作精神""劳动促进个人全面发展"和"劳动展望多彩美好未来"，从4个主题中任选其一。

● 劳动内容

1. 以小组为单位，采取分工协作的方式，通过文字描述和图片配置，完成劳动教育宣传板的制作。
2. 通过劳动教育宣传板的制作和展示，深刻认识劳动的意义，树立科学的劳动态度，以此引领班风学风建设、塑造团队协作精神、促进个人全面发展、展望多彩美好未来。

劳动方法

本任务中主要涉及以下劳动方法。

1. 小组研讨。构建组织框架，明确小组任务分工。
2. 搜集信息资料。按主题要求，搜集整理体验劳动过程的记录。

劳动过程

1

2

1. 确立主题。在劳动引领班风学风建设、劳动塑造团队协作精神、劳动促进个人全面发展和劳动展望多彩美好未来4个主题中任选其一。

2. 利用photoshop等制图软件完成劳动教育宣传板的制作。

注意事项

- ◆ 在搜集整理过程记录的工作中，要紧密结合"劳动引领班风学风建设""劳动塑造团队协作精神""劳动促进个人全面发展"和"劳动展望多彩美好未来"4个主题。
- ◆ 在制作劳动教育宣传板的过程中，要注重增强团队意识，加强团队协作。

● **劳动成果**

总结并记录工作过程，完成最终成果，具体内容见表1-9。

表 1-9 劳动成果展示表

劳动成果名称	劳动成果形式	备注
劳动教育宣传板	宣传板	团队成果

单元二　具备必备的劳动技能

主题 1　专业实践提升生产技能

概　述

一、专业实践的内涵

专业实践是大学教学计划的一个有机部分，是理论联系实际、应用和巩固所学专业知识的一个重要环节，是提升学生劳动能力和生产技能的一个重要手段。有针对性的、指导性强的专业实践不仅能够帮助学生更好地理论结合实践，强化专业知识，深入理解专业内涵，还能极大程度地发挥学生的主观能动性，培养良好的学习习惯、探索精神和创新能力。

二、大学生参加专业实践的意义

（一）树立正确的职业价值观，为职业生涯导航

虽然高职院校开设了就业指导和职业生涯规划等相关课程，但大多数的学生在学生时期的职业价值观是模糊不清的，对于自己将来要从事的职业没有清醒的认识。通过专业实践，学生可以对所学专业有深入的认知理解，并判断将来自己是否可以在所学专业行业中有所发展，培养正确的职业价值观取向，从而准确地认知自己，为自己的职场生涯导航。

（二）提升生产技能，助力就业

人们常说，大学是个象牙塔，学校与职场、学生与员工之间存在着巨大的差异。在角色转化的过程中，学生的观点、行为方式、心理等方面都要做适当的调整。专业实践为学生提供了一个模拟的职场平台，可以帮助学生提升生产技能，这在竞聘工作岗位时会有很大的优势，并且在工作时可以更快更好地融入新环境，完成从学生向职场人士的转换。

本主题设计了"汽车洗护"及"人工智能编程应用"两个任务，以使学生在生产劳动中提升生产技能，体会劳动创造物质财富、满足基本生活需求的伟大，从而尊重普通劳动者、

尊重劳动成果，形成正确的劳动价值观。

任务1 汽车洗护

汽车洗护任务要求严格按照除尘、清洁、保养三步，对仪表控制板、顶棚、后缸平台、座椅、地绒、内门板等进行彻底清洁。

● 劳动目标

正确使用洗车工具进行汽车洗护。

● 劳动内容

掌握汽车洗护工具的使用方法，按照正确的洗车流程，以小组为单位进行车辆洗护。

● 劳动方法

1 高压喷枪

（1）开机前的准备：检查清洗机各部位螺钉、螺母是否有松动现象，需检查油位（以正好漫过油镜为宜）。

（2）进水管连接：将进水胶管套在泵体的进水口接头上，然后套上喉卡，拧紧喉卡上的螺钉，保证连接牢固且不漏气。然后按水源的情况将另一端套在自来水龙头上或放入供水池中（进水口必须完全浸入水中），进水管要求安装过滤器，以免吸入的杂质损坏高压泵。

（3）出水管连接：把高压胶管的插入接头端与机具出水口上的快换接头相连；另一端与喷枪扳机式阀上的螺纹接头相连。（快换接头的接法：只要把滚花套筒向后推，再把接头往里推平即可）。

（4）电源连接：首先要确定电源电压与标牌规定相一致，连接插座时，必须将清洗机的开关定在"关"的位置。如果使用延伸电源线，插头和插座应是防水结构的。

（5）可更换式喷头：喷枪可通过更换喷头调节喷出水流，短枪头为圆孔束状水流，该喷头能产生束状强力射流，用于污垢特别严重的表面。长枪杆为扇形水流，该喷头产生扇形射流，散射角大，对被清洗物体的冲击力小，能用于大面积污垢表面的清洗。

（6）启动机器：检查进水管与出水高压管已经连接可靠，电源插座接好，就可以接通电源，扣动喷枪的扳机，待机具内的空气排净后，即可有高压水喷出。首次使用时，空气排放较慢，可先将出水高压管取下，待出水接头处有水喷出已无气体时关机，由快速接头处接上高压管，再重新开机使用。

（7）使用结束后，将喷头与水管内的水排空。

2 泡沫机

打开泡沫机加水阀及泄气阀,加入洗车液约400ml,灌满水,关闭阀门,接通空气压缩机进气管,打开进气开关,等泡沫压力表显示达到2.5kgf(25N)以上后,就可使用该机向汽车喷射泡沫了。

3 压缩空气喷枪

使用喷枪时用手扣压扳机,使压缩空气的通道首先开放,继而出气嘴的通道开放。放松扳机时,出气嘴的小孔被顶针紧密地密封,压缩空气通道也被堵住。利用喷嘴上的辅助空气通道及喷嘴的不同位置,可调得各种不同形状的气流。

4 吸尘器

(1)接通电源,按下开关,等机器启动即可使用。

(2)在使用完毕后应及时清理桶内杂物和各吸尘附件、尘格尘袋。

5 玻璃清洗剂

(1)玻璃清洁剂使用过量时很难擦洗干净,所以要注意避免过量使用。

(2)玻璃清洁剂可用风窗清洗液进行代替。

6 毛掸子

在每次使用前,都应抖动毛掸子,完全除去灰尘,保证毛掸子清洁。

7 轮胎、车轮清洁用刷子

在每次使用前,都应对刷子进行清洗,去除刷毛内隐藏的杂物,保证刷子的清洁。

8　擦拭毛巾（分色配置）

9　海绵（分色配置）

10　水桶（分色配置）

分色配置擦拭毛巾及海绵，用于车身、车身底部、轮胎、车轮不同部位的清洁。

水桶分色配置用于清洗不同颜色海绵、毛巾。

● 劳动过程

以3人为单位进行分组，明确职责，如图2-1所示，按照车辆洗护"清洗、清扫、完检"中的具体作业步骤对车辆进行洗护。

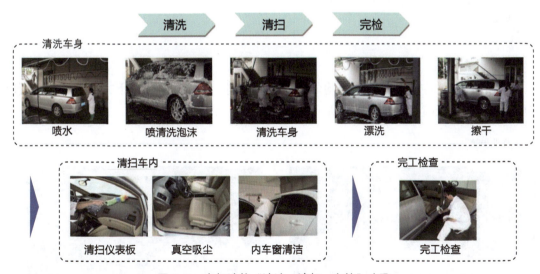

图2-1　车辆洗护"清洗、清扫、完检"步骤

⊙ 清洗

1. 喷水

使用高压清洗机，按以下顺序将车声整体上附着的沙子、灰尘去清除干净，如图2-2所示。

①车顶、前风窗→②左侧车身侧面→③发动机罩及汽车头部→④左侧轮胎→⑤右侧车身侧面→⑥行李箱、后栏板→⑦右侧轮胎。

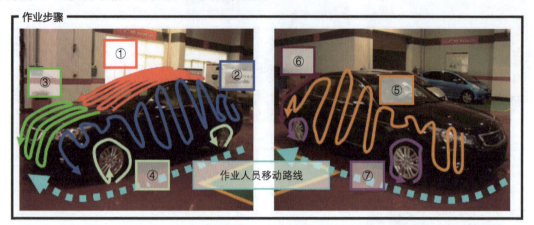

图 2-2 喷水作业步骤

不良示例、注意点	要点
◆ 在橡胶密封条附近进行喷射时，喷嘴距离不得小于20厘米，有些橡胶部件经2秒钟左右的集中喷射即会产生破损，所以不得集中喷射1个位置。 ◆ 在冬季寒冷地区使用温水清洁时，水温如高于70℃以上，树脂部件可能产生损伤，所以水温必须设定在45～55℃范围内。	◆ 注意由上向下清洗脏污，按照上述步骤顺序进行作业，可以减少无效行走、提高作业效率。 ◆ 充分冲洗车门、车门后视镜、行李箱的间隙、雨刮周围等容易积尘的位置。

2. 喷清洗剂

使用泡沫机，在车身整体各处均匀地喷上清洗剂。因清洗剂会向下方逐渐流动，所以应从车身上方进行喷射，如图 2-3 所示。

图 2-3 喷清洗剂作业步骤

不良示例、注意点	要点
◇ 清洗剂必须使用洗车专用清洗剂。 ◇ 清洗剂浓度过高时，会对作业人员的皮肤和车辆涂装造成损害并且不易漂洗干净，所以必须按照规定的浓度使用。	◇ 车身侧面的清洗剂比较容易流失，所以向水平面上稍微多喷一点会更有效。

3. 清洗车身

车身清洗步骤如图 2-4 所示。

（1）使用清洁车身用海绵。

按照①车顶、前风窗、后窗 → ②车身侧面 → ③发动机罩、前保险杠 → ④行李箱、后栏板、后保险杠的顺序进行清洗。

（2）使用车身底部用海绵。

按照⑤前保险杠下部、侧密封条、后保险杠下部 → ⑥车门内侧下部的顺序进行清洗。

（3）使用轮胎、车轮用刷子。

对⑦轮胎、车轮进行清洗。车轮部分手难于伸入的地方可用车身底部用海绵进行清洗。

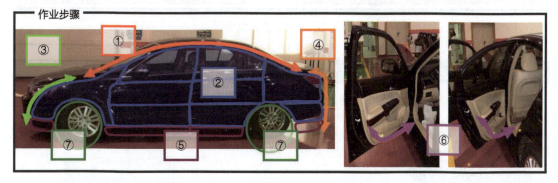

图 2-4　车身清洗作业步骤

不良示例、注意点	要点
◇ 用沾有沙尘或制动片粉末的海绵清洗车身和车轮时会对其造成损伤，所以应将车身、车身底部、轮胎、车轮所使用的海绵进行区分使用，并在清洗过一台车辆后对海绵进行清洗。	◇ 3人作业时，按下述内容进行分工，可提高作业效率。

责任人	作业内容
作业者A	①：左侧车顶　②：车身左侧侧面　③：发动机罩、前脸部分
作业者B	①：右侧车顶　②：车身右侧侧面　④：行李箱、后栏板
作业者C	⑤：车身底部　⑥：车门内侧下部　⑦：轮胎、车轮

4. 漂洗

使用高压清洗机，按以下顺序将车身整体的清洗剂清洗干净，漂洗步骤如图 2-5 所示。

①左侧车顶/前脸部分/后窗玻璃 ➔ ②左侧车身侧面 ➔ ③/④左右发动机罩/前脸部分 ➔ ⑤左侧轮胎、车轮 ➔ ⑥右侧车顶/前脸部分/后窗玻璃 ➔ ⑦右侧车身侧面 ➔ ⑧右侧轮胎、车轮 ➔ ⑨行李箱、后栏板周围部。

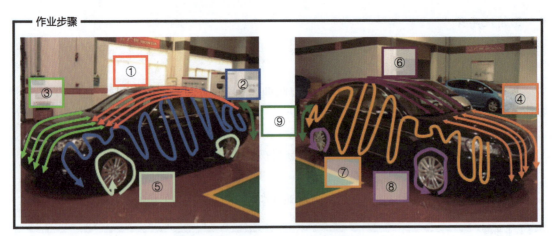

图 2-5　车身漂洗作业步骤

不良示例、注意点	要点
◆ 必须充分冲洗，避免出现如下污物残留。	◆ 车门、车门后视镜、后栏板间隙和雨刮周围特别容易残留清洗剂和沙尘，所以需要认真、充分地进行冲洗。

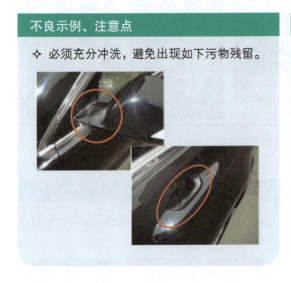

5. 擦干

擦干车辆整体，包括行李箱沟槽部分，保证没有未擦干处（下雨天不需要），作业步骤如图 2-6 所示。

①两人手持车身擦干用毛巾，按从前向后方向，顺序擦干发动机罩、车顶、行李箱。分左右分别擦干侧面 ➔ ②用压缩空气喷枪吹干毛巾难以擦干部分的残留水分 ➔ ③擦干车门内侧、立柱、踏板。

作业步骤

图 2-6　擦干车辆作业步骤

不良示例、注意点

◆ 必须充分冲洗，避免出现污物残留。
◆ 车门内侧和车门后视镜、行李箱如果擦干不充分，就会残留水分。
◆ 与海绵相同，所使用毛巾必须是每次经过清洗的。

要点

◆ 擦干用毛巾在经洗衣机脱水后吸水性比较好，使用方便。
◆ 双人进行擦干作业时，应保持速度一致，避免毛巾打卷。
◆ 要仔细擦干行李箱、后栏板等开口部位。

⊙ 清扫

6. 清扫仪表盘

使用毛掸子按照①~④的顺序清扫仪表盘。作业步骤如图 2-7 所示。

作业步骤

图 2-7　清扫仪表盘作业步骤

不良示例、注意点	要点
◆ 仪表板、方向盘上的徽标容易被划伤，所以要避免过分用力擦拭或者用带有沙粒的毛巾进行擦拭。 ◆ 如果客户要求擦拭，务必使用经清水清洗过的清洁的毛巾轻柔地进行擦拭，注意避免划伤。	◆ 仪表板、仪表周围部分是司机驾乘时经常注意、触摸的部分，应仔细进行作业，避免可视的沙、尘残留。 ◆ 在每次洗车前，都应像照片所示那样抖动毛掸子，完全除去灰尘。

7. 车窗内部清扫

作业步骤如图 2-8 所示。①在毛巾上喷 3 ~ 5 次清洁剂 ➡ 如图 2-8 中②、④所示，首先仔细擦拭外周的端部和四角，不留残留痕迹 ➡ 如图 2-8 中③、⑤所示，全面擦拭玻璃。如果脏污情况严重，可重复进行图 2-8 中的①~⑤步骤 ➡ ⑥最后擦拭车内后视镜。

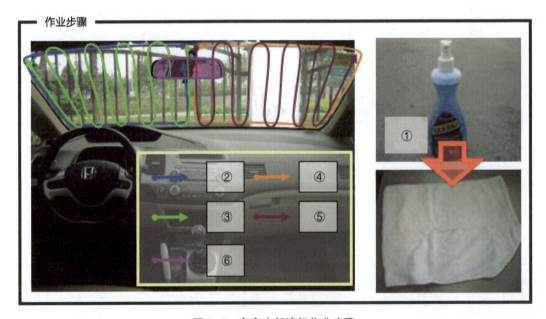

图 2-8　车窗内部清扫作业步骤

不良示例、注意点	要点
◆ 玻璃清洁剂使用过量时很难擦洗干净，所以要注意避免过量使用。不要多次重复使用毛巾的同一面，根据脏污情况进行擦拭。 ◆ 在擦拭车内后视镜时，不得改变后视镜位置。	◆ 两人从左右两侧同时进行作业可以提高效率，不过此时要注意合作，避免中央部分出现残留未擦拭干净的部分。 ◆ 如果无法采购到玻璃清洁剂，可用风窗清洗液进行代替。

8. 真空吸尘

作业步骤如图 2-9 所示。拆掉所有座椅的地垫,注意避免灰尘飞起。按照①~⑥的顺序,沿箭头方向 ━━▶ ━━▶ ━━▶ 进行真空吸附除尘。■ 颜色标记部分容易积尘,需要重点进行清洁。

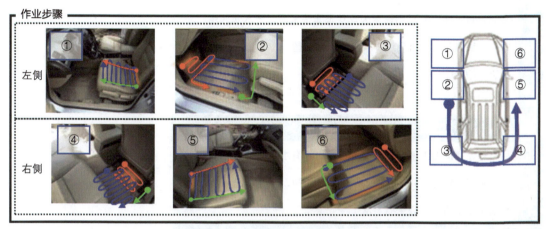

图 2-9 真空吸尘作业步骤

不良示例、注意点
◆ 如有必要移动客户的行李等物品,务必事先向客户进行确认。 ◆ 如有较大垃圾、石子,不要勉强进行真空除尘,必须用手捡除。 ◆ 真皮座椅非常容易划伤,所以操作时应特别仔细、小心。 ◆ 对原厂脚垫,必须固定牢固。如果忽视固定效果,可能导致脚垫挂在加速踏板或制动踏板上引发重大事故。

要点
◆ 在进行作业前应确认座椅位置,作业完毕后进行恢复,这样可以节省交车时进行调整所花费的时间。 ◆ 如果左右两侧分别各使用一台真空吸尘器,可提高作业效率。 ◆ 轮胎打蜡可用喷雾方式打蜡,也可用刷子打蜡。

⊙ 完工检查

车辆洗护作业完毕后,依据表 2-1 检查车辆洗护完成情况。如果发现存在问题,需及时进行反馈处置,处置之后进行二次完检确认,以保证车辆洗护的质量。

表 2-1 洗车完检表

车牌号码: 洗车人员: 完工检查人:

	项 目	检查结果	备注
车身外观			
1	车身是否有水滴残留		
2	轮胎罩/轮胎钢圈是否已经清洗干净		

(续)

	项　目	检查结果	备注
3	保险杠/中网是否已经清洗干净		
4	所有的门边饰条是否都已经清洗干净		
5	车门内侧以及 B 柱、引擎罩内部是否清洗干净、无水滴残留		
6	车门边缘橡胶条是否清洗干净、无水滴残留		
7	是否有给轮胎打蜡		
8	挡泥板是否清洗干净		
后备箱			
1	后备箱外侧的凹下部分是否清洗干净、没有水滴残留		
2	后备箱与车体连接处的橡胶条是否清洗干净、没有水滴残留		
3	后备箱垫是否有用吸尘器清洁干净		
车厢内部			
1	是否使用吸尘器进行清洁		
2	车厢内的各种设备没有灰尘、干净		
3	绒质脚垫是否干净		
4	塑料、橡胶垫是否清洗干净		
5	杂物箱/扶手箱/门边置物格里面是否有垃圾		
6	烟灰缸是否清洗干净		
7	所有的玻璃是否清洁干净		

注意事项　　使用车辆洗护工具时，需先阅读使用说明书，掌握安全操作规程，在充分了解使用方法后方可操作。在车辆洗护过程中，要按照洗护流程步骤进行操作，注意洗护过程中的注意要点，避免出现不良操作。

● 劳动成果

该任务的劳动成果包含洗车检查表及洗护后的车辆照片，具体形式见表 2-2。

表 2-2　劳动成果展示表

序号	劳动成果名称	劳动成果形式	备注
1	洗车检查表	文档	团队成果
2	洗护后的车辆	照片	团队成果

任务2 人工智能编程应用

人工智能是计算机科学的一个分支，它试图生产出一种新的能以人类智能相似的方式做出反应的智能机器，该领域的研究包括机器人、语言识别、图像识别、自然语言处理和专家系统等。人工智能的发展是基于程序的控制，没有编程就不会有程序。在人工智能时代，编程能力和创新思维将成为生存、生活的基本能力要求，因此编程能力也将成为未来劳动者的必备技能。人工智能领域中使用最广泛的编程语言有Python、Java、Lisp、Prolog、C++、Yigo等，但是学习这些编程语言对专业基础要求较高，对于非计算机和软件类专业的学生较困难，无法达到在短时间内学会操作应用的目的。

本次任务，我们将使用图形化编程软件来学习和体验人工智能编程的应用。图形化编程软件可以通过拼接积木块的方式来编写程序，图形化的积木块代替了复杂的文本操作，为学生的快速入门奠定了良好的基础，通过图形化编程可以更好更快地理解编程的原理和人工智能的控制思维。

目前市场上图形化编程软件较多，但使用方法和功能差别不大，为使学生切实体验人工智能编程的实际应用，我们使用一款免费开源的图形化软件进行学习——OttoBlockly。

OttoBlockly是配套Otto开源机器人使用的一款图形化编程软件，通过简单的块（block）可以轻松地进行可视化编程，使机器人按照设计的动作进行运动。Otto是一个完全开源的互动机器人，如图2-10所示，它拥有清纯娇小的外形（11cm×7cm×12cm）、优雅的步伐，可以自动避障，结构很简单，

图2-10　Otto开源机器人

外形可用3D打印制作，使用最简单的电子连接，几乎没有焊接的部分，采用最简单的代码操作。

Otto机器人的创始人Camilo设计制作Otto的原因很单纯，就是为了设计一款普通家庭能够买得起的机器人，与自闭症儿童互动。Camilo把他写的Otto机器人程序，还有3D数字模型全部进行开源，免费分享。这样一来，有更多的人在开源的基础上进行二次开发，通过3D打印外壳，快速实现了Otto的普及。目前Otto机器人相关资料可进入官网学习和下载，网址为https://ottodiycn.mystrikingly.com/，也可以进入Otto机器人中文社区https://mc.dfrobot.com.cn/forum-161-1.html，与创客们一起学习和分享制作过程，展示自己的Otto机器人。

● 劳动目标

了解人工智能的概念，掌握人工智能编程的基本原理，了解人工智能背景下对劳动技能的要求，了解人工智能编程应用，掌握图形化编程软件的使用方法，使用图形化编程软件为机器人编辑一段跳舞程序。

劳动教育与实践

● **劳动内容**

了解 Otto 开源机器人，掌握人工智能背景下技术开源分享的意义，掌握 Otto 机器人的工作原理和控制原理，使用 OttoBlockly 软件进行编程，为 Otto 机器人设计运动程序，感受人工智能技术中人机互动的编程与应用。

● **劳动方法**

Otto 机器人的制作素材包括控制器和舵机等电子硬件产品（见图 2-11）、3D 数字模型和木质外形结构（见图 2-12）、控制程序。其中电子硬件使用的是 Arduino 控制器和扩展板，相关素材可以在其网站上获取。外形结构则需要使用 3D 打印机或激光切割机，通过导入数字模型来加工成外形机构零部件。控制程序需要使用编程软件，编程时需在计算机端使用编程软件写程序，然后把程序导入机器人的控制器，在机器人运行时，控制器相当于机器人的大脑，指挥舵机运转，舵机带动机器人活动部件运动，从而实现编程控制机器人运动的目的。

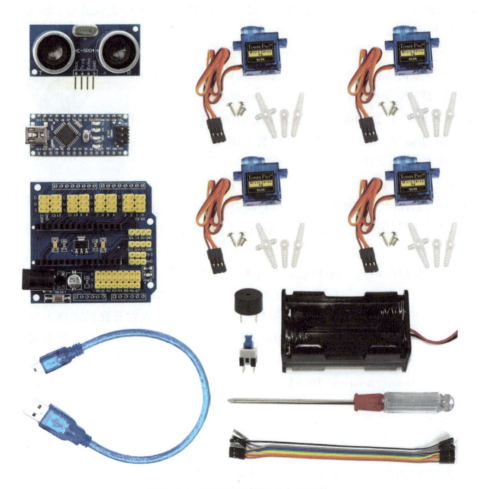

图 2-11　控制器和舵机等电子硬件

图 2-12　3D 数字模型和木质外形结构

电子硬件和外形结构可根据学校实训室的条件，自主进行设计制作，本次任务只针对 Otto 机器人编程环节进行劳动实践。

1. 准备编程使用的计算机

指导教师根据情况选择在机房统一学习或学生自行使用计算机进行劳动实践。

计算机（PC 端）需支持 Windows 或 Mac OS 系统。操作系统要求 Windows 7.0 及以上，Mac OS X 及以上。

2. 安装软件

1）访问 https://ottodiycn.mystrikingly.com/，下载 OttoBlockly 桌面端安装文件到计算机，如图 2-13 所示。

图 2-13　下载 OttoBlockly 的网页界面

2）Windows 系统下安装软件：双击运行安装文件（见图 2-14），根据安装向导提示正确安装软件（见图 2-15）。

图 2-14　OttoBlockly 软件安装文件

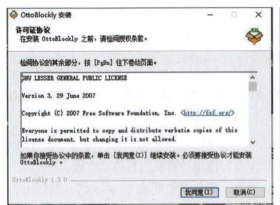

a）

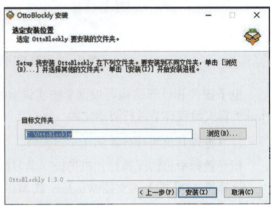

b）

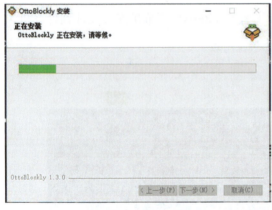

c）

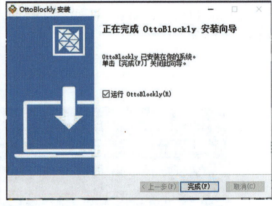

d）

图 2-15　OttoBlockly 软件安装提示向导

3）OttoBlockly 安装完毕后，OttoBlockly 的图标将出现在桌面上，如图 2-16 所示。

● 劳动过程

1. 了解 OttoBlockly 软件的操作环境

OttoBlockly 软件界面简洁清晰，鼠标停留在菜单功能图标上时可显示该图标的文字说明，软件界面如图 2-17 所示。

图 2-16　OttoBlockly 桌面图标

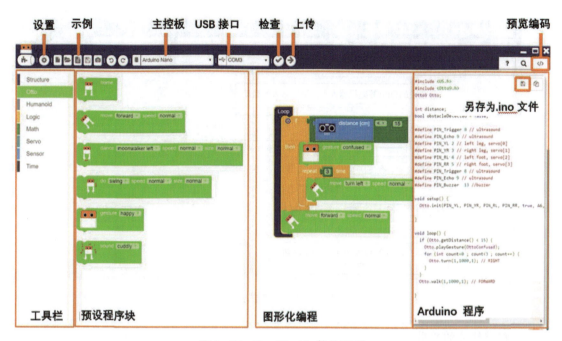

图 2-17 OttoBlockly 软件界面

2. 设置语言和程序块

根据编程的语言环境和编程水平设置显示语言和程序块，如图 2-18 所示。

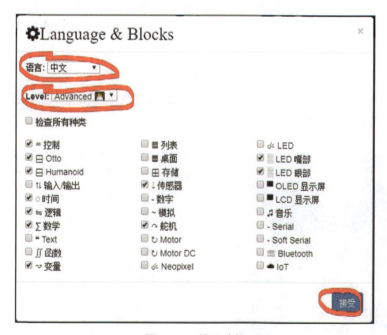

图 2-18 设置功能

3. 工具栏的功能

如图 2-19 所示，在初学者模式下显示常用的软件编程工具的功能说明。

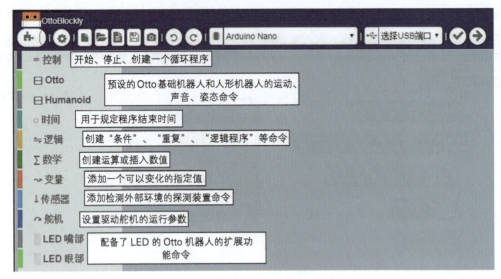

图 2-19 工具栏功能

4. 编程软件的作用

可以说传感器相当于机器人的感觉器官（眼睛、耳朵、嘴巴），传感器收到的信息经过控制器（大脑）收集，通过预设的程序，控制器给舵机发送电信号，舵机驱动机器人的执行机构（脚、腿）进行运动，从而使机器人执行对应动作，如图 2-20 所示。

我们使用的编程软件就是控制器实施控制功能的工具，它把我们的思想通过图形化的编程语言，转化为控制器能识别的机器语言。这种机器语言就是我们通常说的计算机程序。

5. 程序块的操作

在工具栏中选择欲添加的功能，在功能菜单的程序块中用鼠标单击拖拽到编程界面的任意位置，如图 2-21 所示。

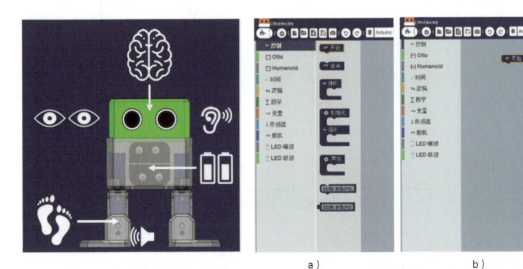

图 2-20 编程软件、传感器与机器人控制的关系　　图 2-21 功能菜单中的程序块

程序的惯用执行顺序是自上而下的,编程时,拖拽程序块使图形左上角的凹槽靠近上一程序块图形的左下角凸起,当凸起显示亮光时,松开鼠标,如图1-22a所示,听到"咔嗒"声,表示两个图形块吸附成功,如图2-22b所示。

在程序块中,某些功能可以选择参数,如图2-23所示,单击选择菜单,选择欲设置的功能。

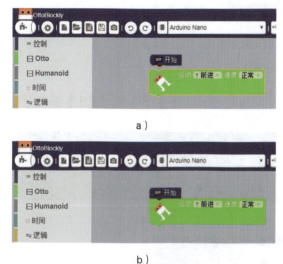

图2-22 程序块的连接　　　　　　　　图2-23 选择程序块的参数

6. 预览代码

当创建了程序块之后,在代码浏览窗口可以查看对应的程序代码,如图2-24所示,窗口只提供查看功能,不可以修改代码。

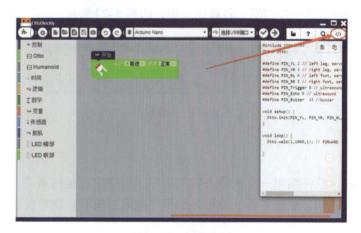

图2-24 预览代码

7. 机器人行走程序示例

有了图形化编程软件,我们可以为机器人设计运动动作,但是机器人完成一组运行动作时,使用的程序并不是唯一的,如图2-25所示,两组程序都是执行机器人行走命令,思考一下他们有什么不同?

图 2-25 机器人行走程序示例

8. 程序导入控制器

编程完成后,需要检验程序有没有逻辑错误,可通过校验功能进行检查,如图 2-26 所示。

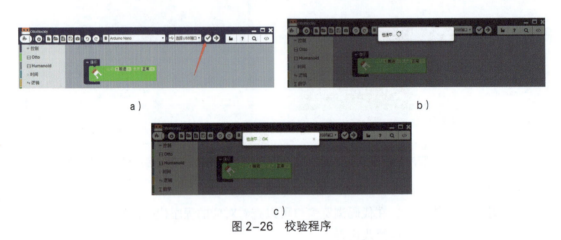

图 2-26 校验程序

校验通过的程序可导入控制器,将程序上传,如图 2-27 所示。

图 2-27 上传程序

● 劳动成果

使用 OttoBlockly 软件编辑一个机器人跳舞程序,程序中应包括运动、跳舞、变换姿态程序块,必须使用时间、逻辑工具,编写好的程序应通过校验功能检验成功,劳动成果展示见表 2-3。

表 2-3 劳动成果展示表

劳动成果名称	劳动成果形式	备注
OttoBlockly 编程	OttoBlockly 程序文件 实施过程图片 查阅的参考资料等佐证文件	个人成果

主题 2　职业技能竞赛提升职业技能

概　述

一、职业技能竞赛概述

职业技能大赛是依据国家职业技能标准，结合生产和经营工作实际开展的以突出操作技能和解决实际问题能力为重点的、有组织的群众性竞赛活动。

职业技能竞赛实行分级分类管理。具体分为国家级、省级和地市级三级，国家级又分为国家级一类竞赛和国家级二类竞赛，具体情况见表2-4。

表 2-4　职业技能竞赛等级

序号	等级	简　介
1	市赛	由市教育局或市地方组织的本地区范围内的竞赛
2	省级	由省教育局或省地方组织的本地区范围内的竞赛
3	国赛	教育部联合多个部门共同举办的一项全国性职业教育学院的学生竞赛活动

以市场营销技能竞赛和沙盘模拟企业经营竞赛为例，市场营销技能竞赛包括营销实战展示、商务数据分析和情境营销3个竞赛模块；沙盘模拟企业经营竞赛以企业为背景，让每个参赛者置身商业实战场景，涉及财务、物流、生产、营销等重要角色，实地体验商业竞争的激烈性。

二、职业技能竞赛的目的和意义

（一）职业技能竞赛的目的

为了推动经济发展，促进职业教育均衡、良性发展，完善教学模式、管理制度、育人环境，提高教师的专业实践能力，改革教学内容，培养适应经济发展的创新型高技能人才，教育部联合多部门联合举办了职业技能大赛，职业技能竞赛的目的归纳为以下几点，如图2-28所示。

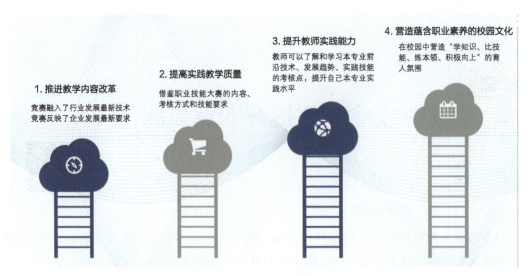

图 2-28 职业技能竞赛的目的

（二）职业技能竞赛的意义

参加职业技能竞赛是培养学生实践技能，提高学生职业素养的有效措施；是加强学生实践水平，适应市场需求的有力保障。通过参加职业技能竞赛，学生会明确要学什么，找到奋斗目标，感受付出汗水、承受压力、收获荣誉的过程，让自己变得更加优秀，具体意义如图 2-29 所示。

图 2-29 职业技能竞赛的意义

本主题下设的两个任务是以团队竞赛形式开展，各小组合理选取营销产品，分组进行营销策划，完成营销策划方案后，进行具体落实，完成营销实践，提高技能竞赛的能力。

任务1 营销策划

营销产品的选取：本次营销任务可以联合校园内超市、附近门店、当地商家共同开展，建议选取价值不高、不易损耗的产品，例如：牛奶、饮料、矿泉水、包装食品、生活小用品等。

● 劳动目标

完成营销策划方案。

● 劳动内容

以某产品的一次营销活动为背景，体验调研计划制订、调研方法应用，通过小组研讨，确定营销方法与策略，完成产品营销策划方案，亲身实践产品营销策划的制订过程，培养劳动生存技能、劳动创新精神。

● 劳动方法

本任务中主要涉及的劳动方法如图 2-30 所示。
1. 编制产品销售情况调研计划。
2. 运用调查方法。
3. 选取营销方法与营销策略。
4. 制订营销方案。

图 2-30 营销策划任务的劳动方法

调研计划

本次调研时应系统、客观地收集、整理和分析市场产品销售活动的各种资料和数据，用于选择合适的营销产品及营销策略。调研计划内容如图 2-31 所示。

图 2-31 调研计划内容

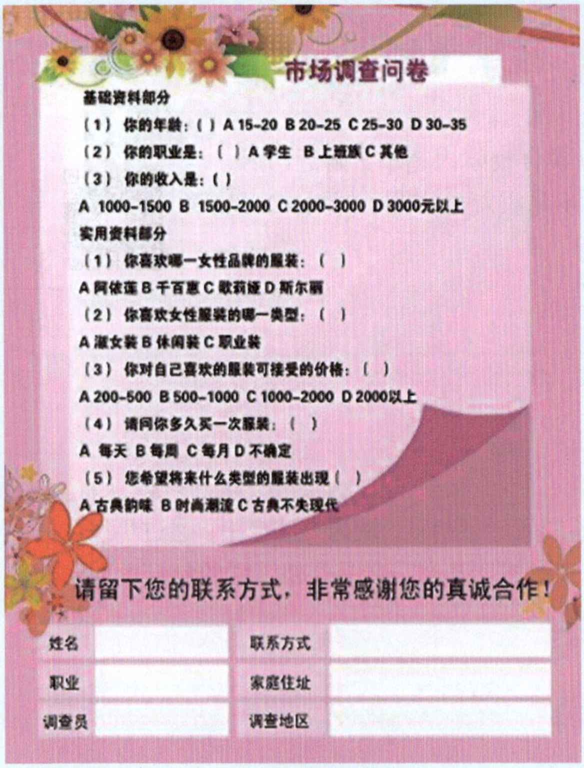

市场调查问卷

基础资料部分

（1） 你的年龄：( ) A 15-20 B 20-25 C 25-30 D 30-35

（2） 你的职业是：（ ）A 学生 B 上班族 C 其他

（3） 你的收入是：( )

A 1000-1500 B 1500-2000 C 2000-3000 D 3000元以上

实用资料部分

（1） 你喜欢哪一女性品牌的服装：（ ）

A 阿依莲 B 千百惠 C 歌莉娅 D 斯尔丽

（2） 你喜欢女性服装的哪一类型：（ ）

A 淑女装 B 休闲装 C 职业装

（3） 你对自己喜欢的服装可接受的价格：（ ）

A 200-500 B 500-1000 C 1000-2000 D 2000以上

（4） 请问你多久买一次服装：（ ）

A 每天 B 每周 C 每月 D 不确定

（5） 您希望将来什么类型的服装出现（ ）

A 古典韵味 B 时尚潮流 C 古典不失现代

请留下您的联系方式，非常感谢您的真诚合作！

姓名		联系方式	
职业		家庭住址	
调查员		调查地区	

图 2-32　市场调查问卷举例

调查方法：问卷调查法

范围大一些的调查，常采用问卷的方式进行。问卷即是书面提问的方式。问卷调查通过收集资料，然后作定量和定性的研究分析，归纳出调查结论。采用问卷调查方法时，最主要的当然是根据需要确定调查的主题，然后围绕它，设立各种明确的问题，作全面的摸底了解。

常用的问卷调查法有 4 种形式：选择法、是否法、计分法、等级排列法，图 2-32 为调查问卷举例。

图 2-33　常用的营销推广方法

营销推广

营销推广指在以等价交换为特征的市场推销的交易活动中，工商业组织以各种手段向顾客宣传产品，以激发他们的购买欲望和行为，扩大产品销售量的一种经营活动，图 2-33 为常用的营销推广方法。

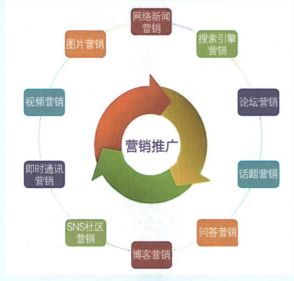

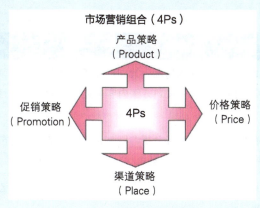

图2-34 营销推广常用策略

营销策略

营销策略是企业以顾客需要为出发点，根据经验获得顾客需求量以及购买力的信息、商业界的期望值，有计划地组织各项经营活动；是针对一定的目标市场所采用的一系列可测量可控的旨在提高销售及厂商声誉的活动；是多种营销方法，例如产品、价格、渠道、促销、公关策略的综合。图2-34为营销推广常用策略。

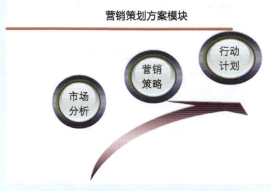

图2-35 营销策划方案的3个基本模块

营销方案

营销方案是一个以销售为目的的计划，指在市场销售和服务之前，为了达到预期的销售目标而进行的各种销售促进活动的整体性策划。

一份完整的营销方案应至少包括三方面的主题分析，即基本问题，项目市场优劣势，解决问题的方案。

图2-35是营销策划方案的3个基本模块。

● 劳动过程

1. 进行抽签分组，建议5人一组，明确人员分工，主要包括以下角色：组长、采购专员、财务专员、宣传专员、理货专员，本次分工兼顾营销策划及营销实践两个任务，分工后可以明确权责开展劳动任务。

2. 团队成员研讨制订调研计划。调研计划制订在前面调研方法中已经介绍，主要包括7个方面的内容，需合理制订调研计划，指导调研工作开展。

3. 调研后确定本次任务的营销产品。可以联合校园内超市、附近门店、当地商家共同开展，这样易获取摊位摆放物料支持、营销推广赞助，建议选取价值不高，不易损耗产品，例如：包装牛奶、饮料、矿泉水、包装食品、生活小用品等。

4. 团队研讨完成产品营销策划方案，具体内容见表2-5。

表2-5 产品营销策划方案内容参考

序号	策划书结构	内容参考
1	封面	营销策划方案名称、团队名称
2	策划人员信息	策划人员团队负责人、团队成员、任务分工
3	目录	营销策划书正文中的一级条目名称与对应页码、二级条目名称与对应页码、附录及对应页码

（续）

序号	策划书结构	内容参考
4	任务概要	策划者身份及策划合作企业基本情况、策划产品基本情况、进行策划的原因、策划任务、策划过程和策划方案内容概略、预期达到的目标等
5	营销现状分析	产品市场调查的数据和事实的客观分析与观点评价。包括：当前市场状况及前景、当前市场状况及前景、竞争状况和分销状况分析等
6	"SWOT"分析	产品营销环境的机会与威胁分析，产品自身的优势、劣势分析，营销中存在的问题挖掘
7	营销策划目标	本次营销策划方案的执行要达到的具体目标
8	营销战略与策略	产品的目标市场及市场定位战略的描述与内涵、产品营销组合策略的具体设计
9	具体行动方案	产品营销的具体行动方案设计，包括：活动方案的主题、活动的时间、内容、具体操作程序、宣传、行动控制等
10	营销费用预算	营销方案推进过程中的费用投入
11	附录	标明营销策划方案中引用的数据资料来源、调查问卷样等

注意事项

在设计策划方案时一定要明确以下几点：
- ◆ what? 确定要做什么？
- ◆ Where? 确定在哪做？
- ◆ Why? 为什么设计策划方案？
- ◆ Who? 各个实施部分由谁操作？
- ◆ When? 什么时间进行？
- ◆ How? 出现问题如何处理？

● 劳动成果

请填写劳动成果展示表（见表2-6）。

表2-6 劳动成果展示表

劳动成果名称	劳动成果形式	备 注
产品营销策划方案	方案	团队成果

任务2　营销实践

● 劳动目标

进行产品营销实践，培养有销售本领、有职责担当、有创新思考的营销专员。

● 劳动内容

本任务是落实"任务1"的营销策划方案，以小组为单位开展营销实践，明确分工，最后以摊位照片、过程单据记录、销售额等呈现劳动结果。

● 劳动方法

本任务中主要涉及以下劳动方法：

采购、收货、理货、销售、盘点、核算、清洁整理（6S），具体内容如图2-36所示。

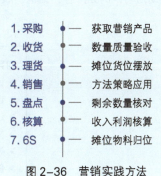

图2-36　营销实践方法

采购

是指企业在一定的条件下从供应市场获取产品或服务作为企业资源，以保证企业生产及经营活动正常开展的一项企业经营活动。本次营销实践可以联合校园超市、附近门店、当地商家联合开展。

收货

接收方在货物到达目的地以后接收货物，并将货物所有权转移给接收方。注意进行数量核对、质量检验、外包装检验等，填写供货单，如图2-37所示。

供货单

NO._____

供货单位：　　　　　供货日期：

品名	规格	单位	应收数量	实收数量	备注

供货单位：　　　　　　　　　供货人：
收货单位：　　　　　　　　　收货人：

图2-37　供货单

理货

是指商品展示与陈列、POP广告、标价、排面整理、商品补充与调整、环境卫生、购物工具准备等作业活动。商品陈列相关要点如图2-38所示。

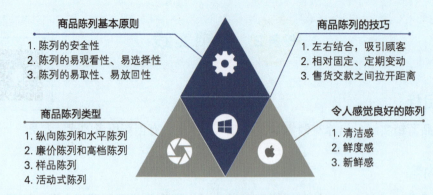

图 2-38 商品陈列相关要点

销售

是指以出售、租赁或其他任何方式向第三方提供产品或服务的行为,包括为促进该行为进行的有关辅助活动,例如广告、促销、展览、服务等活动,如图 2-39 所示为常用销售技巧。

```
向竞争客户行销渗透的技巧：
➢ 让客户喜欢你
➢ 让客户接受你
➢ 让客户相信你
➢ 寻找竞争者服务缺口
➢ 寻找客户不满意处
➢ 保证服务——一定会设法让客户满意
```

图 2-39 常用销售技巧

盘点

盘点是指定期或临时对库存商品实际数量进行清查、清点的一种作业。本次盘点活动是对销售后的产品进行清查、清点,最后需要填写盘点单,如图 2-40 所示。

盘点单

年　　月　　日

类别	品名及规格	单位	单价	账面数量	盘点数量	盘盈		盘亏		差异原因	
						数量	余额	数量	余额	说明	对策

主管：　　　　　　　　　　　制表：

图 2-40 盘点单

核算

主要核算本次营销实践活动的收入、利润、利润率,财务核算清单样式如图 2-41 所示。

账务核算清单

年 月 日

序号	核算内容	数额	备注
1	初始零钱		
2	现金		
3	微信		
4	支付宝		
5	收入合计		
6	产品成本		
7	营业费用		
8	营业外支出		
7	利润		
8	利润率		

核算人：
复核人员：

图 2-41 账务核算清单

8S

8S 就是整理（SEIRI）、整顿（SEITON）、清扫（SEISO）、清洁（SEIKETSU）、素养（SHITSUKE）、安全（SAFETY）、节约（SAVE）、学习（STUDY）8 个项目，因均以 "S" 开头，简称 8S。

● **劳动过程**

1. 产品采购。

建议联合校园内超市、附近门店、当地商家联合开展，提前确定送货时间、地点、责任人。

2. 清点货品，清点货品要点如图 2-42 所示，填写送货单。

3. 营销摊位的整理、美化。建议联合商家开展，获得商家物料支持，如展台、地堆、宣传海报、帐篷等。

4. 理货（商品陈列）。

5. 销售推广、账务处理。

6. 剩余物品盘点、账务核算。

7. 物资归还、结清货款、整理摊位。

清点货品要点

1. 数量检验：数量检验分为 3 种形式，即计件、检厅、检尺求积，本次活动建议采用计件形式。
2. 质量检验：包括外观检验、尺寸检验、机械物理性能检验和化学成分检验 4 种形式，本次活动主要涉及外观检验。
3. 包装检验：合同对包装有具体规定的要严格按规定验收，包装的干潮程度一般用眼看、手摸方法进行检查。

图 2-42 清点货品要点

注意事项

◆ 注意明确责任，特别是做好货品清点工作。
◆ 整个营销实践工作一定要听从指挥，合理合法。
◆ 注意账务的准确性以及物品的保管保养，避免发生损失。

● 劳动成果

本次劳动成果主要体现为摊位现场销售照片、营销实践过程单据填写、销售战绩等,具体见表 2-7。

表 2-7 劳动成果展示表

序 号	劳动成果名称	劳动成果形式	备 注
1	销售过程材料	摊位、销售照片等	团队成果
2	过程表单及业绩	表单	团队成果

主题 3　家务劳动提升生活技能

一、家务劳动的重要意义

家务劳动是每个家庭最基本的劳动方式，与每个家庭成员存在密切联系，每个家庭成员都可以是家务劳动的主体，承担家务劳动体现的是一种家庭责任，具有重要的意义。家务劳动的重要意义如图 2-43 所示。

图 2-43　家务劳动的重要意义

由于家务劳动很琐碎，很多人都认为是个"苦差事"，但其实常做家务劳动不仅可以提升责任心和幸福感，也能够提升生活技能，对未来的发展有很大的帮助。

二、如何实施家务劳动

1. 树立正确的信念

国外有研究表明：家务劳动不仅有助于培养青少年对世界的感性认识，还能形成正确的生活意识，提升生活技能、动手能力以及合作、协调等方面的能力，对青少年的成长有着积极的影响。作为大学生，我们要树立正确的劳动信念，学会家务劳动的基本技能，养成良好的习惯，这不仅有助于身心健康的发展，还有助于培养坚强的意志和克服困难的勇气。

2. 培养良好的情感

通过家务劳动的体验,可以让我们更直观地了解劳动知识,形成正确的劳动观念,懂得珍惜劳动成果,学会尊重他人,从而启迪劳动情感,锻炼劳动意志。当动手与动脑结合起来时,会在劳动中感到"我就是生活的主人";当面对劳动成果时,会自豪地说"这是我做的",不仅自信心提高了,也培养出了良好的劳动情感。

3. 进行适当的劳动

在大学里,我们不仅要在课堂上学习,在专业上学习,更要在实践中学习,在生活中学习,而且,越来越多的企业开始注重毕业生的实践和动手能力,所以要求大学生参与企业实习、社团活动、志愿服务、家务劳动等实践。这其中家务劳动是我们最容易参与的一项劳动实践,也是其他实践的基础,做好家务劳动也是为参与更多社会实践做准备。作为一名大学生,我们要在学习之余适当地参与家务劳动,掌握生活技能,成为德智体美劳全面发展的新青年。

本主题设置了"'断舍离'整理术"和"烹饪技能"两项家务劳动,希望大家能在劳动中领悟出生活的真谛,感受到生活的美好,提高家务劳动效率,提升生活技能。

  "断舍离"整理术

古语云:"不扫一屋,何以扫天下"。整理房间这件看似简单的事情,其实也是思维清晰的体现,更是审美与生活态度的体现。

日式收纳"断舍离"整理术风靡一时,其中"断"即断绝想要进入自己家的不需要的东西;"舍"即舍弃家里到处泛滥的破烂儿;"离"即脱离对物品的执念,处于游刃有余自在的空间。换句话说,就是通过收拾物品来了解自己,整理自己内心的混沌,让人生更舒适,也就是"整理房间,也是整理人生"⊖。如图 2-44 所示。

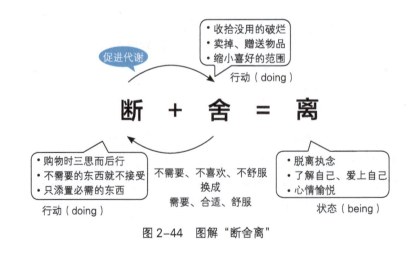

图 2-44 图解"断舍离"

⊖ 节选自《断舍离》一书,是日本山下英子创作的家庭生活类著作,于 2009 年首次出版。

图 2-45 是"断舍离"整理术与一般的收纳、整理的对比图，通过对比更能一目了然地感受到"断舍离"的重要性。

	断舍离	收纳、整理
前提	代谢、替换（主动）	保管、维护（被动）
主角	自己	物品
售点	关系性	物品或自己或赠送物品的对象
核心轴	感性、适宜、需要、合适、舒服	物质、可惜、能用或不能用
时间轴	现在、当下	过去、未来、曾经、今后
意识	选择、决断	回避
手续	少	多
技术	不需要	需要
收纳物	不需要	需要

图 2-45 "断舍离"与收纳整理的对比

我们为什么要开始断舍离？以下几点请先试着对号入座（见表 2-8）。

表 2-8 房间整理现状自查表

序号	房间整理现状	对（√），错（×）
1	会在某些瞬间觉得房间很杂乱	
2	如果家里要来客人就会很紧张，需要突击收拾一番	
3	觉得收拾房间是个耗时耗力的事情	
4	每次收拾房间都需要用上大半天甚至更久	
5	要找的东西常常找不到	
6	买了某个东西，拿回家发现家里明明就有	
7	好不容易收拾好的房间/衣柜，两天就又回到老样子	
8	满满一衣柜的衣服，每天早上还是没有衣服穿	

以上 8 项如果中了 3 项以上，或者有某一项你特别迫切地想改变，请开始断舍离吧！

● 劳动目标

掌握整理房间的技巧及方法，通过对日常家居环境的收拾整理，改变意识，养成整洁、自律的生活习惯。

● 劳动内容

制订房间整理计划，完成房间整理。

● 劳动方法

整理房间的技巧及方法很多,根据房屋的大小、物品的种类不同,整理收纳的方法也不同,本任务介绍《断舍离》中的 5 种方法(见图 2-46),帮助大家改变意识,养成整洁的生活习惯。

- 以我为轴心
- 时间轴放在当下
- 三分法
- 七、五、一收纳原则
- 一个动作原则

图 2-46 "断舍离"劳动方法

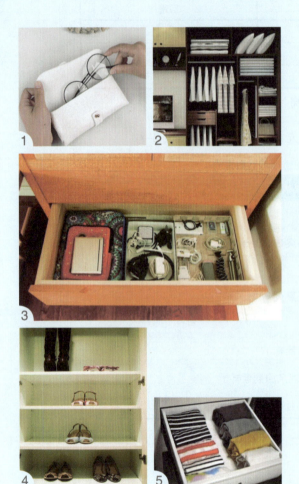

1 **以我为轴心** "这个眼镜可以用,所以还留着",这是以物品为中心,而断舍离要看这个眼镜我是不是在用,如果不是就要"舍",这就叫以我为轴心的思考法则。

2 **时间轴放在当下** 只挑选现在对我而言必要的东西。先从怎么看都要扔的东西下手,再对剩下的物品进行筛选,慢慢再从需不需要变成合不合适、舒不舒服。

3 **三分法** 即把物品分成三类,不仅限于桌面,物品进橱架、抽屉里保管时也都分三类,不设置严格死板的规则,均以"三分法"这种宽松的思路执行。

4 **七、五、一收纳原则** 看不见的收纳空间只放满七成,看得见的收纳空间只放五成,装饰用的收纳空间只放一成。例如,利用这种收纳原则,在收拾看得见的收纳空间时只选择最喜欢的 5 样东西,通过这个过程,练习精挑细选。

5 **一个动作原则** 不要过分收纳,要使物品可以简单的一个动作就能收起来和取出来。

● 劳动过程

1. 首先，对房间里的脏乱程度，先做一下总结，具体是哪些地方使得房间非常乱。找到这个原因，就可以对症下药。

   然后，对房间里的东西进行归类，具体分为哪几类。例如，可以分为衣物类、文具类、食品类等。

2. 接着，准备好打扫和整理房间的工具像扫把、拖地水等。凑齐这些工具后，我们就可以开始整理房间了。

3. 将刚才进行分类的东西按照相应的位置摆放好，注意：在摆放的时候，要整齐并且要有规律地排放。

4. 在整理好房间里的东西之后，用吸尘器清除地面杂物和灰尘。

注意事项

- ◆ 断舍离的过程中不要扔掉重要的文件等东西。
- ◆ 注意倾听内心的声音，留下你真正喜欢的。
- ◆ 不要留下此刻用不到的东西，是断舍离的精髓。

● 劳动成果

填写劳动成果展示表，并提交照片等佐证材料（见表 2-9）。

表 2-9 劳动成果展示表

序号	劳动成果名称	劳动成果形式	备注
1	衣柜整理	照片	
2	桌面整理	照片	
3	房间整理	照片	
4			

任务2　烹饪技能

"民以食为天",一日三餐不仅是保持良好体魄的关键,也是考验大学生独立生活能力的基础。烹饪之所以能够成为一种技术、一门艺术、一种文化,是因为它在人类生活中具有如下意义和作用(见图2-47)。

微课13

图 2-47　烹饪的意义和作用

下面通过一组测试,看看我们是否了解科学的烹饪方式,在你认为对的做法后面打"√",错误的做法后面打"×"(见表2-10)。正确答案附在表。

表 2-10　科学烹饪方式问答表

序号	做法	对,错
1	一次买一周的蔬菜储存着慢慢吃	
2	随买随吃,尽量不长时间储存蔬菜	
3	先切菜后洗菜(或将菜浸泡在水中)	
4	先把蔬菜整个地浸泡、洗净,入锅前再切	
5	淘米时反复清洗,直到淘米水清澈为止	
6	淘米时多放点水,快速清洗两次即可	
7	煮豆粥时放点小苏打	
8	先将豆子或花生米浸泡一会再煮	

(续)

序号	做法	对,错
9	水果和蔬菜外皮上都有农药,所以吃前一定要削皮	
10	洗干净的水果和蔬菜,可以连皮一起食用	
11	胡萝卜等蔬菜只有生吃才最有营养	
12	胡萝卜宜油炒或和肉类一起煮,营养才能被人体吸收	
13	冰箱冷冻可保持食物的新鲜,不破坏维生素	
14	食物不能长时间存放,应尽快食用	
15	焯菜时冷水下锅,炒菜时慢慢加热	
16	焯菜时热水下锅,炒菜时大火快炒	
17	吃汤菜时只吃菜不喝汤	
18	对于蔬菜汤,一定要吃菜也喝汤	
19	多汁蔬菜的汁挤掉,以免做馅时出汤	
20	防止馅料流汤的方法是先把肉剁碎,加上调料拌匀,然后把蔬菜剁碎,最后把剁好的菜一点点加到肉馅里,边加边搅拌	

下面是正确答案,如果有 3 处以上错误,就请开始学习烹饪技能吧!

1	2	3	4	5	6	7	8	9	10	11	12	13	14	15	16	17	18	19	20
×	√	×	√	×	√	×	√	×	√	×	√	×	√	×	√	×	√	×	√

● **劳动目标**

掌握基本的煮、炒、蒸、煮等烹饪技巧,以及食材搭配、调味等知识,安全卫生使用相关工具,培养烹饪兴趣。

● **劳动内容**

制订烹饪计划,完成烹饪计划。

● **劳动方法**

烹饪方法有 26 种,如图 2-48 所示。下面介绍最常见的 7 种烹饪方法。

1. 炒

炒菜是经典的中式烹饪方法。"炒"的特点是快捷和方便,美味和可口。

图 2-48 26 种烹饪方法

炊具：炒锅、炒锅铲
食材：肉类、海鲜、蔬菜、豆腐
步骤：①在加热炒锅之前，应准备好所有配料。
②当炒锅很热时，加入少量的油。
③将肉或海鲜快速搅拌并转动至半熟。
④然后将其从炒锅中取出并放置在一侧。如有必要，在锅中加入更多的油。加入蔬菜或豆腐并快速搅拌。
⑤在烹饪途中加入之前炒好的肉类或海鲜，必要时调整调味料，搅拌至完成。

2. 炸

油炸用于生产酥脆的食物。

炊具：深锅或深油炸锅、长筷子
食材：肉类、蔬菜类、豆制品、菌类
步骤：①油炸食物时，锅里放少许食盐，油不会外溅。
②当油温升至 70~80℃时，可将食材放入锅中。
③想外脆里嫩先用低温油炸成熟，再用高温油炸到外皮香脆。
④食材炸至成熟后用长筷子夹出，放置于过滤器上，滤掉多余的油后即可享用。

3. 蒸

蒸是使用蒸汽烹饪的一种方法。它被认为是健康的烹饪技术。蒸汽可以使菜肴味道更清新可口，可以保留食物中的各种营养成分，在很大程度上减少营养物质的流失。

炊具：竹蒸笼、蒸锅
食材：所有食材
步骤：①在锅的底部放充足的水，并将水保持缓慢煮沸。
②可以将一个蒸笼堆叠在另一个上面，允许一次烹饪几种菜肴。
③需要最多烹饪时间的菜肴要放在沸水附近的底层，而需要较少烹饪时间的菜肴要放在顶层。在食物完成之前，应将水保持缓慢煮沸。

4. 炖

炖是一种独特的中国烹饪技术，食物在低火下非常缓慢地烹饪。

炊具：炖锅、慢炖锅
食材：肉类、家禽
步骤：①热锅凉油，放入葱姜，爆锅后将食材翻炒至褐色。
②加入大量的酱油、糖、酒或雪利酒、生姜、五香粉、辣椒粉、香菜和其他调味料，以及水或肉汤。
③肉可能需要长达数小时的烹饪才能达到所需的软烂度。

5. 煮

火锅是一种典型的煮食。煮被认为是所有中国烹饪技术中最简单的。这种烹饪方法比其他技术快，并且保留了食物的颜色、质地、形状和营养。

炊具：炒锅、长筷子
食材：小型或软质食材
步骤：①首先洗涤并切割食材，然后将其浸入沸水或肉汤中。
②当它们完全煮熟后，立即将它们滤干，然后将它们与调味料一起搅拌后食用。

6. 烤

北京烤鸭是典型的烤制美食。许多中国食物，如鸡、鸭、整只羊、羊腿和整只猪都可以这样烹饪。

炊具：烤箱
食材：肉类、家禽
步骤：①准备肉：将肉清洁后，放入调味料、食用油，进行腌制。
②将腌制好的肉挂在火上或放在非常热的烤箱中。
③当肉被烤好后，将其切碎，巧妙地放在盘子上，并配以由肉汁制成的酱汁。

7. 焖

中国最著名的红焖菜肴包括红焖鸡肉蘑菇和红焖排骨。使用这种技术，通过长时间的焖制，味道完全渗透到食材中，口感浓郁，老少皆宜。

炊具：炒锅、平底锅或炖锅
食材：切成大尺寸立方体的所有食材
步骤：①将食材、香料、调味料和少量水或肉汤加入炒锅或平底锅中。
②在高温下将所有东西煮沸。
③在较低温度下长时间炖（通常为一小时或更多）。

● 劳动过程

很多人都觉得炖菜做工烦琐，用时较长，不适合在家中烹饪，下面我们以牛腩炖土豆为例，了解一下如何在家中做出简单易操作、营养丰富的炖菜，同时以此为例，了解一下整个烹饪过程。

图2-49所示是牛腩炖土豆的用料。

劳动教育与实践

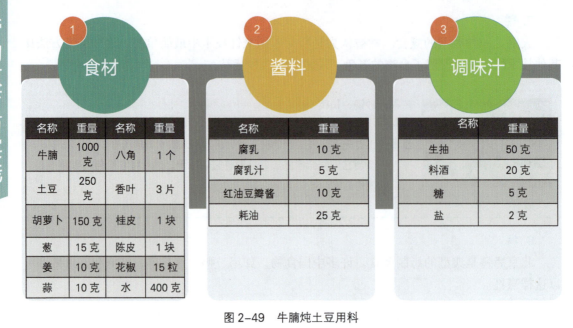

① 食材				② 酱料		③ 调味汁	
名称	重量	名称	重量	名称	重量	名称	重量
牛腩	1000克	八角	1个	腐乳	10克	生抽	50克
土豆	250克	香叶	3片	腐乳汁	5克	料酒	20克
胡萝卜	150克	桂皮	1块	红油豆瓣酱	10克	糖	5克
葱	15克	陈皮	1块	耗油	25克	盐	2克
姜	10克	花椒	15粒				
蒜	10克	水	400克				

图 2-49　牛腩炖土豆用料

1

2

3

4

5

1　牛腩切块，4厘米左右大小，不能太小，因为煮后会回缩。泡水30分钟，去除多余血水。

2　配搭土豆、胡萝卜去皮切块。图片中是一个土豆和一根胡萝卜的量。姜切片、葱切小段，蒜从中间切开或拍破。

3　煮一锅滚水，水滚后放入牛腩，表面变色就可以捞出来了。

4　捞出后牛腩还带有血色，并没有关系。

5　将红油豆瓣酱10克、蚝油25克、腐乳10克、腐乳汁5克进行混合，注意要把腐乳压碎，混合均匀即是"酱料"。

058

6 生抽50克、料酒20克、糖5克、盐2克混合,即是"调味汁"。

7 准备好香料。

8 炒锅上火,放入食用油20克,放入葱、姜、蒜爆香。

9 放入香料炒香。

10 放入"酱料",炒出红油。

11 放入"调味汁"煮滚。放入烫好的牛腩,炒一下,让牛腩上色。

12 放入清水煮滚,转入电压力锅,炖60分钟。

13 压好后,再倒入锅中,放入土豆和红萝卜,煮8分钟左右。待汤汁收浓稠就可以了。

注意事项 烹饪的过程也是我们与食物进行交流的时候,这个时候最可能干扰我们的就是突然的意外,例如、烫伤、烧伤、割伤、切伤等。为了最大限度地避免意外,在烹饪前请确认"厨房安全10条"(见表2-11)。

表2-11 厨房安全10条

确认后打"√"	厨房安全10条
	做饭时注意不要露出太多,穿长袖衣服和裤子,尽量别穿凉鞋
	使用含锋利物品的电器(切割机、搅拌机、研磨机等)时,在用完进行事后清洗等处理时,要先拔掉插头
	刀不锋利时,要记得磨刀
	切菜要用砧板,而且要注意防滑
	准备一个隔热手套,放在随手可以拿到的地方
	没有隔热手套可以用干毛巾代替,但是要确保这些东西是干的
	要转移热锅的时候,须事先确保有地方放
	掀锅盖时,要往锅盖后面站
	为了减少高温油的飞溅,食材尽量滤干水再下锅
	抽油烟机不要忘记开

● **劳动成果**

请填写劳动成果展示表,并提交照片等佐证材料(见表2-12)。

表2-12 劳动成果展示表

序号	劳动成果名称	劳动成果形式	备注
1	炒菜	烹饪菜品照片	个人成果
2	炖菜	烹饪菜品照片	个人成果
3	火锅	烹饪菜品照片	个人成果

主题 4 公益劳动提升社会技能

概 述

一、公益劳动的内涵

在中国古代，倡导日行一善，就是每天做一些我们力所能及的事情，帮助更多的人，让社会更加美好和谐。

大学生公益劳动是直接服务于公益事业、不取报酬的劳动，体现形式多为学校劳动技术教育和学生社会实践，内容包括工农业生产劳动和各种服务性劳动，例如，参加秋收、植树造林、打扫卫生、帮助烈士军属和残疾人等，目的在于培养学生为人民服务、为公众谋利益的良好思想品德，推动学生接触社会，深入生活，参加各种社会实践，提升社会技能。

二、大学生公益劳动的属性

（一）大学生社会公益劳动的学习性

大学生社会公益劳动是大学生参与社会实践活动的一种方式。在这里，"劳动"指的是学习实践，是把理论和专业知识在现实中加以应用，把理论与实践结合起来，从而促进学生学习，也就是通过"做"来进行的"学习"。所以，在推动大学生参与社会公益劳动时，应强调其"在做中学"的意义，让大学生把社会公益劳动和专业学习有机结合起来，要从理论与实践相结合的高度让学生参与社会、服务他人并最终提升能力，提高学生的综合素质。

（二）大学生社会公益劳动的社会性

大学生社会公益劳动是在社会领域践行，其活动平台是在社会，服务对象的指向也应具有社会方面的特征，而不是服务经济部门或私人部门。参与社会公益劳动的大学生应该走出校园，在了解社会民情及环境特征的基础上参与服务活动。大学生社会公益劳动的社会性，也意味着大学生公益劳动将产生一定的社会影响，在一定程度上将改善社会某方面的状况，或促成社会的发展进步。

（三）大学生社会公益劳动的自愿性

大学生社会公益劳动是大学生自愿参与的一种善意的举动，是以大学生的自愿自觉为前提的，并不是出于政府或学校的强制。当然，政府部门或高校会出于鼓励学生接触社会、了解社会、参与社会以及回馈社会的良好意愿，制定一些政策或采取相关措施来推动大学生进行社会公益劳动,但这些措施和办法是倡导性的而不是强制性的,大学生可以根据自身实际选择是否愿意参与。

(四)大学生社会公益劳动的利他性

大学生社会公益劳动具有利他性,不以私利为目的,而是以更多人的公共好处为目标,从社会公益劳动项目的设计初始便应确立"公益"这个核心价值。青年大学生群体普遍具有热心公益、胸怀理想、有所作为的心理特点,青春、理想、激情与公益的结合,将激发出大学生服务社会、奉献社会的强大动力,使得青年大学生成为推动社会福利发展的重要力量。

社会公益劳动可以把大学生的个人发展与社会的整体繁荣紧密联系起来,通过两者的有效互动而相得益彰。社会公益实践的核心是"人",既是服务"人"的公益行动,也是培养"人"的有效方法。通过促成大学生参与社会服务,可以达到促成大学生深入社会、了解社会、提升社会技能的目的,从而实现培养他们的担当精神、探索精神、创造精神和实践能力的目标。

本主题将通过"垃圾分类讲解员"和"疫情防控领航员"两个公益劳动任务,帮助学生在公益服务中近距离了解社会,将所学知识技能有机融入现实生活,通过社区和校园的志愿服务来培养学生的劳动价值观、劳动态度、劳动技能和劳动精神,使学生树立回报社会、回报人民的人生观,努力成为合格的社会主义时代新人。

任务1 垃圾分类讲解员

一、垃圾分类的意义

垃圾问题已经成为人类文明发展的一个"世界难题"。随着城市化和经济的高速发展,我国城市垃圾问题也变得越来越突出。面对生活垃圾逐年增加的趋势,垃圾处理将持续遇到压力,垃圾围城,令人担忧。2013年7月,

习近平总书记在湖北考察民情时说到:"垃圾是放错位置的资源,把垃圾资源化,化腐朽为神奇,是一门艺术。"垃圾混置是垃圾,垃圾分类是资源。通过将垃圾分类管理,在源头将垃圾分类投放,并通过分类的清运和回收使之重新变成资源,最大限度地实现垃圾资源利用,必将明显改善人们的居住环境,提高生活质量,最终给人民群众带来利益和实惠。

二、垃圾分类标准

随着人们生活质量的不断提高,垃圾成分也日趋复杂,合理准确地进行垃圾分类可最大限度地防止二次污染。2019年11月15日,《生活垃圾分类标志》(GB/T 19095-2019)标准发布,同年12月1日起正式实施。标准中,生活垃圾分类标志由4个大类标志和11个小类标志组成。类别构成见表2-13。

表 2-13　标志的类别构成

序号	大 类	小 类
1	可回收物	纸类
2		塑料
3		金属
4		玻璃
5		织物
6	有害垃圾	灯管
7		家用化学品
8		电池
9	厨余垃圾（也称为"湿垃圾"）	家庭厨余垃圾
10		餐厨垃圾
11		其他厨余垃圾
12	其他垃圾（也称为"干垃圾"）	—

注：除上述 4 大类外，家具、家用电器等大件垃圾和装修垃圾应单独分类。

三、垃圾分类投放

将垃圾进行正确的分类投放，必须认识垃圾分类标识并清楚掌握投放要求。垃圾分类标识及投放要求如图 2-50 所示。

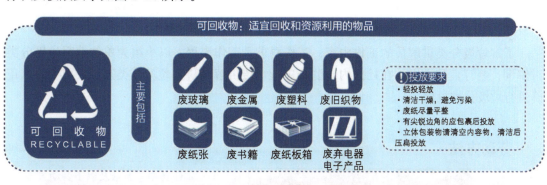

图 2-50　垃圾分类标识及投放要求

厨余垃圾：企业和公共机构在食品加工、饮食服务、单位供餐中产生的食物残渣，食品加工废料和废弃食用油脂等

主要包括：剩菜剩饭　菜帮菜叶　瓜果皮壳　鱼骨鱼刺　茶叶渣　动物内脏　调料　过期食品

投放要求
- 厨余垃圾应从产生时就与其他品类垃圾分开，投放前沥干水分
- 保证厨余垃圾分出质量，做到"无玻璃陶瓷、无金属、无塑料橡胶"等其他杂物
- 有包装物的过期食品应将包装物去除后分类投放，包装物请投放到对应的可回收物或者其他垃圾收集容器

其他垃圾：不能归类于以上三类的生活垃圾

主要包括：卫生纸　饮料杯　食品袋　废胶带　污染纸张　污损塑料　外卖餐盒　陶瓷碎片

投放要求
- 沥干水分后投放

图 2-50　垃圾分类标识及投放要求（续）

● 劳动目标

做一名垃圾分类讲解员。

● 劳动内容

了解垃圾分类讲解员的工作内容、工作要求及工作流程，以小组为单位编写垃圾分类讲解词，制订宣传方案，在社区内向群众进行宣传讲解，科普垃圾分类知识，引导群众正确进行垃圾分类投放。

● 劳动方法

1　**本任务中主要涉及以下劳动方法**
1）资料搜集。
2）小组研讨。
3）编写讲解词。
4）制订讲解方案。
5）现场讲解。

2　**信息资料搜集常用方法**
1）浏览器搜索。
2）阅读相关书籍、报刊。
3）观看或收听相应的频道。
4）向相关人员进行咨询。
5）购买专业机构的相关信息。

3 垃圾分类讲解词的编写
1）确定垃圾分类宣传主题标语。
2）简述垃圾分类的意义。
3）重点介绍垃圾分类标识。
4）重点讲述垃圾分类投放要求。

4 垃圾分类讲解方案的制订
1）讲解主题。
2）讲解目的。
3）讲解时间、地点。
4）讲解形式。
5）人员安排。
6）前期准备工作。

5 垃圾分类现场讲解
1）悬挂宣传标语。
2）利用广播，对宣传主题进行强调。
3）现场演示。
4）现场引导。

● 劳动过程

1. 明确任务，搜集资料

教师下发"垃圾分类讲解员"任务，同学们接收任务后，明确劳动内容，进行信息资料查询与搜集。

2. 小组研讨

教师采取合理的组建方法组建研讨小组，对搜集的资料进行整理分类。

3. 编写讲解词

结合搜集资料编写垃圾分类的讲解词，讲解词应包括主题标语、垃圾分类意义、标识及投放方法，如图 2-51 所示。

4. 制订讲解方案

讲解方案制订要详细，具有可实施性。具体涵盖内容见表 2-14。

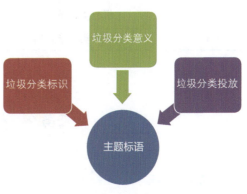

图 2-51　垃圾分类讲解词应包含的内容

劳动教育与实践

表 2-14 垃圾分类讲解方案表

班级：　　　　　　　　小组：　　　　　　　　制订人：

序号	项　目	内　容
1	讲解主题	
2	讲解目的	
3	讲解时间	
4	讲解地点	
5	讲解形式	
6	人员安排	
7	前期准备	

5. 现场讲解

按照制订的讲解方案，明确人员分工，悬挂宣传标语，利用广播强调宣传主题，由讲解员进行讲解，演示员配合讲解员进行现场演示，引导员对群众投放垃圾进行引导。

注意事项　垃圾分类讲解，要先与社区沟通确认好宣讲时间和宣讲地点。做好宣传准备工作，人员分工明确，引导员要注意引导的语气态度，体现服务意识。

● 劳动成果

该任务的劳动成果包含讲解词、讲解方案及现场讲解，具体形式见表 2-15。

表 2-15 劳动成果展示表

序　号	劳动成果名称	劳动成果形式	备　注
1	垃圾分类讲解词	文档	团队成果
2	垃圾分类讲解方案	文档	团队成果
3	垃圾分类现场讲解	照片或视频	团队成果

 任务 2　疫情防控宣讲员

● 劳动目标

1. 培养学生对疫情防控现实环境中的安全系数进行分析、预防和应对的能力。培养学生在疫情防控中的自我教育、自我管理、自我服务和自我监督的能力。

2.通过示范引领、能量传递、宣传讲解，带动身边的人增强疫情防控的责任感与使命感，共同努力构建平安和谐校园。

3.多途径多渠道了解和掌握校园疫情防控安全常识，增强校园疫情防控安全责任意识，使自己成为校园疫情防控宣讲员。

● 劳动内容

1.提升自己和他人疫情防控的安全意识，并通过自身的修养带动身边的同学增强疫情防控安全意识。

2.坦然面对情绪变化，理解和接纳负面情绪。正向思维，自我鼓励，把必要的防护措施都做到位，相信自己有克服困难战胜病毒的能力！

3.科学看待疫情防控，学习简单的心理调节方法，如"深呼吸放松法""肌肉放松法"等来维护情绪稳定，也可以通过运动、音乐、倾诉来转移注意力，增加积极体验。

4.保持健康生活方式，做好个人卫生清洁。不聚集，戴口罩，勤洗手，保持个人与寝室卫生清洁。保持作息规律，保证睡眠时间，合理膳食，均衡营养，增强自身的免疫力和抗病毒能力。

5.学习榜样人物的先进事迹，传播正能量。

6.通过爱国主义教育、使命担当教育、疾病预防教育、社会规则教育、宣传舆论引导、学生心理疏导这"四教两导"引导学生树立正确的世界观、人生观和价值观，增强国家荣誉感、社会责任感、生命敬畏感、政治辨别力、心理承受力。

● 劳动方法

本任务中主要涉及以下劳动方法。

1.信息研究法。通过查阅图书、访问互联网、聆听专题讲座等多种途径了解和掌握疫情防控常识。

2.实证研究法。通过理论的研究学习、现状及问题的分析，从疫情防控出发，探究成为疫情防控宣讲员的途径，并将其方法和有效途径应用到学习、生活和工作中。

● 劳动过程

1

1　充分利用媒体平台，传播正能量。在微博、微信、QQ、钉钉等社交平台中转载或发布校园疫情防控有关新闻、热点、短视频等新闻资讯，引导广大师生树立校园疫情防控安全责任意识。利用主题活动、班团会等契机演出小品、相声、歌曲等大众喜闻乐见的节目，将疫情防控知识贯穿其中，寓教于乐，用最生动形象的方式传递疫情防控安全知识，有效发挥全媒体的优势进行思政教育，让主流媒体借助移动传播，牢牢占据舆论引导、思想引领、文化传承、服务学生的传播制高点，用个人点滴行为把校园疫情防控安全责任感带到校园的每个角落。

2 化身志愿服务中的校园疫情防控宣讲员,利用课余时间在教室、寝室、食堂、操场等地宣传疫情防控知识,解答疫情防控问题,培养安全防控意识,带动身边的人提升疫情防控使命感,构建和谐文明的校园环境、营造万众一心阻击疫情的校园舆论氛围,凝聚起众志成城、共克时艰的强大力量,更好地围绕学生、关爱学生、服务学生。

3 形成以学期为单位的校园疫情防控安全意识养成总结报告,具体参照表2-16。

表2-16 校园疫情防控安全意识养成总结报告示例

防疫目的与意义	
防疫形式	
防疫内容	
防疫过程	
过程记录展示	
防疫收获	
总结提升	

注意事项
◆ 利用媒体平台发布消息,要严格遵守宪法、法律及有关法规要求,发布前严格审核。
◆ 校园宣讲的过程中,要严格依照学校的总体要求进行。

● 劳动成果

劳动成果为校园疫情防控安全意识养成总结报告,具体见表2-17。

表2-17 劳动成果展示表

劳动成果名称	劳动成果形式	备注
校园疫情防控安全意识养成总结报告	文档	个人成果

单元三　大力弘扬三个精神

主题 1　弘扬劳动精神——成为有素质的劳动者

概　述

一、劳动精神的内涵

习近平总书记强调:"要在学生中弘扬劳动精神,教育引导学生崇尚劳动、尊重劳动,懂得劳动最光荣、劳动最崇高、劳动最伟大、劳动最美丽的道理,长大后能够辛勤劳动、诚实劳动、创造性劳动。"在中国特色社会主义新时代,劳动精神是劳动者在劳动中展现的精神状态、精神面貌和精神品质。热爱劳动、尊重劳动是劳动精神的基石,爱岗敬业、争创一流是劳动精神的灵魂,艰苦奋斗、勇于创新是劳动精神的核心,淡泊名利、甘于奉献是劳动精神的本质。

二、弘扬劳动精神的必要性

劳动精神是每一位劳动者为创造美好生活而在劳动过程秉持的劳动态度、劳动理念及其展现出的劳动精神风貌。通过对大学生劳动精神的培植,让大学生热爱劳动、尊重劳动、珍惜劳动成果,进而能够更好地进行创造性劳动,在劳动创造中实现人生价值。劳动创造推动了人类历史的进程,"整个所谓世界历史不外是人通过人的劳动而诞生的过程"(《马克思恩格斯文集》第1卷),劳动成为历史前进的动力。劳动创造了中华民族,造就了中华民族的辉煌历史,也必将创造出中华民族的光明未来。

三、如何弘扬劳动精神

劳动塑造了民族文化。劳动精神孕育于中华民族创造历史的劳动实践之中,中华民族五千年文明史是劳动人民自强不息、励精图治的伟大历史。本主题将设计"陶艺制作"和"木艺孔明锁制作"两个任务学习，使学生能够通过学习任务感受中华民族的劳动精神，在劳动过程中不断发挥创造力。

 任务1　陶艺制作

无论是当下高速发展的科技，还是人类起源的古文明，火与土对于人类来说始终充满了魅力。陶艺是陶瓷艺术的简称，是一门既古老又现代的艺术，是技术与艺术的结合，从原始彩陶（见图3-1）到现代陶艺，凝结了千百年的审美精华，展示了中华民族的劳动精神，它承载着人类文明的进程，蕴含着中华民族的伟大智慧，彰显了中华民族世世代代的工匠精神。

图3-1　人面鱼纹彩陶盆

一件优秀的陶瓷作品，需要创作者具有丰富的创造力和想象力，陶艺创作是人们结合时代特征和个人思想情感的综合产物，在陶瓷制作的过程中，手与脑的协调至关重要。一个好的构思和创意是极其重要的，它能够指导我们运用创造性思维，制作出优秀的作品。

● **劳动目标**

陶艺制作。

● **劳动内容**

以陶瓷水杯制作为例，学习传统陶艺的制作方法，通过动手实操制作过程，了解泥条盘筑工艺，体验陶艺制作的劳动精神和创造力。

● **劳动方法**

严格按照陶艺的制作步骤，通过分析和模仿操作要点，规划劳动流程计划，合理使用相应工具，完成任务目标。

⊙ 工具简介

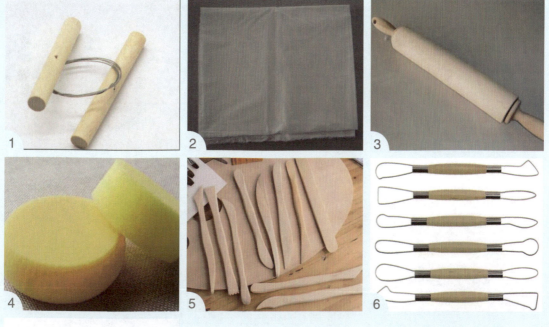

单元三

1 **割泥线** 用来切割黏土或割底，可以帮助我们很轻松方便地取下所需泥巴的大小。同时将拉成的作品从转盘上移开，既小巧又方便快速。

2 **棉麻布** 干净的棉麻布，用于保持泥巴的湿润度。

3 **擀面杖** 一般用于擀泥板，要消除泥里面潜在的小气泡，以保证烧制时候不会因气泡而炸裂。

4 **吸水海绵** 制作时给黏土加水或吸水，也可以给已烘烤完毕的陶器进行中度打光。

5 **泥塑刀** 用于手工成型，修整坯体底部，方便完成取坯和后续的修坯工作。

6 **修坯刀** 修坯刀用来刮泥和塑造。泥塑刀头部形状有圆形、椭圆形、倒三角形等。泥塑刮刀刀身用木头制作成圆弧形状，然后再用砂皮打磨光滑。

7 **转台** 方便360°观察和修整形体，不论是形体塑造期、修整期，还是喷釉的时候，都需要用到转台。

● 劳动过程

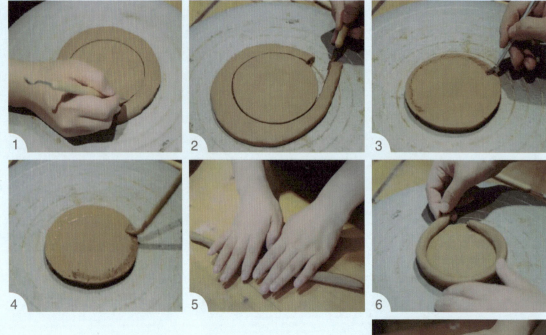

1. 将擀好的泥片放在转台上，用修坯刀画出想要的底盘形状并切割。注意：一定要在泥片下垫棉麻布，以免泥片粘在转台上。如果画不圆，可以借助圆规进行圆弧绘制。

2. 拿掉多余的泥巴，这一过程一定要慢一点，不要让做好的圆形底面变形。

3. 用陶艺工具或者锯条等将底部边沿处打毛，使之变得粗糙。

4. 用毛笔在泥片边缘涂上一层泥浆，这样会使底部与泥条黏合得更加牢固。

5. 取一团泥，先粗捏至条状，放在案板上。双手五指岔开，手指和泥成45度，用力均匀，轻轻地前后滚动，由掌心到指尖，再由指尖到掌心，反复操作。随着泥条的伸长由粗变细，双手逐渐向两侧移动。

6. 将搓好的泥条放在涂好的泥浆处，这时候可以转动转台进行360°的处理。

7. 用手指进行压边处理，使泥条与泥板紧密贴合，使泥片与泥板外部没有缝隙。

8 搓一个小泥条填补内部空隙，用手指压实。

9 使用泥塑刀，将内部的小泥条压平赶出空气。

10 继续打毛，用毛笔涂上一层泥浆。

11 将搓好的泥条，接着盘下层。

12 重复上述动作，盘旋向上，继续加高，直到理想高度。

13 13a、13b、13c 为将盘好的泥塑晾干，使用修坯刀进行修坯。

14 用海绵沾点水，将杯口擦平整。

15 使用修坯刀在杯子外部刻画出想要的纹理。

单元三

16 搓一个小泥条，将其弯成弧形，用刮板切掉多余的泥。

17 做好一个杯子把手。

18 在想要安装把手处，用陶艺工具或者锯条等打毛，并用毛笔涂泥浆粘上把手。

注意事项

◆ 注意泥条的干湿程度，太干了容易断裂并且不易弯曲，太湿了不仅会黏手，而且泥巴的支撑力也弱，所以要掌握好。

◆ 黏结处一定要打毛，泥浆也不可太稀或太稠。

◆ 盘筑时挤压要到位，防止残留气泡。

◆ 根据创作的需要，泥条和底部可自行设计，底部泥板不宜过薄，根据造型的不同，可以收缩或扩大。

◆ 制作完成后，可以将内部或外部抹平，也可加些装饰，以达到造型生动的目的。

● **劳动成果**

填写劳动成果统计表，见表3-1。

表3-1 劳动成果统计表

劳动成果名称	劳动成果形式	备　注
陶瓷水杯	作品	个人成果

任务2　木艺孔明锁制作

孔明锁（见图3-2），也称作鲁班锁、八卦锁等，相传由三国时期的孔明发明，用一种咬合的方式，把多根木条垂直相交固定。也有一种说法是春秋时代鲁国工匠鲁班为儿子制作的益智玩具，无论是哪一种传说，可以确定的是，孔明锁的结构原理来源于中国古代建筑中首创的榫卯结构。

图3-2　孔明锁

榫卯（见图3-3）是在两个木构件上采用的一种凹凸结合的连接方式，凸出部分叫榫（或榫头）；凹进部分叫卯（或榫眼、榫槽），榫和卯咬合，起到连接作用。

榫卯是中国古代遥遥领先于世界诸多工艺技术中最为华丽的一项，利用榫卯加固物件，是古代劳动人民的智慧结晶，体现了我国传统的劳动精神和文化传承。

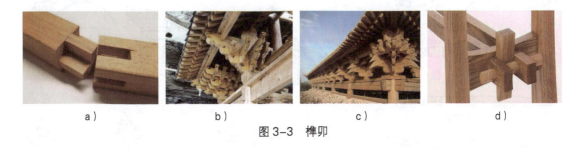

图3-3　榫卯

● 劳动目标

制作三柱孔明锁（见图3-4）。

● 劳动内容

以孔明锁制作为例，学习传统木工工艺的制作流程，通过动手实操亲历制作过程，了解古代榫卯工艺，体验木工制作的劳动精神和精益求精的工匠精神。

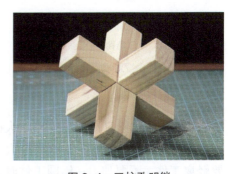

图3-4　三柱孔明锁

劳动方法

掌握孔明锁的理论制作流程，严格按照制作步骤操作，通过分析和模仿操作要点，设计规划劳动流程计划（见图 3-5），合理使用相应工具，完成任务目标。

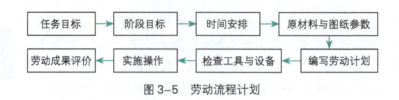

图 3-5 劳动流程计划

⊙ 锉刀简介

锉刀（见图 3-6），表面上有许多细密刀齿、条形，是用于锉光工件的手工工具，用于对金属、木料、皮革等表层做微量加工。

⊙ 锉刀的分类

按用途分为：普通锉、特种锉、整形锉。

按断面形状分为：平锉、方锉、半圆锉、圆锉、三角锉等（见图 3-7）。

如图 3-8 所示，扁锉主要用于锉平面、外圆面、凸弧面；方锉主要用于锉方孔、长方孔、窄平面；圆锉主要用于锉圆孔、半径较小的凸弧面、椭圆面；半圆锉主要用于锉凸弧面、平面；三角锉主要用于锉内角、三角孔、平面。

图 3-6 锉刀

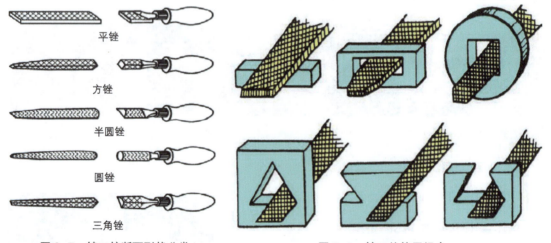

图 3-7 锉刀按断面形状分类　　图 3-8 锉刀的使用场合

⊙ 细齿锉的使用方法

一只手拿住锉刀（见图 3-9），大拇指和中指捏住两侧，食指伸直，其余两指握住锉柄；固定工件，搭上锉刀，加力不要过大，均匀向前推进，推进速度不宜过大；回锉时，锉刀要轻离工件，不要加力；锉圆工件时，要轻转锉刀，由上而下，在锉刀向前推进时，左手慢慢升高，右手慢慢降低。

⊙ F 型木工夹

F 型木工夹是做木工活必备的工具，结构简单，使用灵活，是制作木工活的好帮手。

使用 F 型木工夹（见图 3-10）时，用手滑动活动臂，活动臂一定要与导杆保持平衡，否则滑不动，滑动至工件宽度，把工件放在两个力臂之间，然后慢慢旋转活动臂上的螺杆螺栓，用来夹紧工件，调整到适合的松紧度时放手即可完成工件固定。

导杆上的卡口：防止杆滑脱，确保在夹紧工件时不会松动。

夹块：两个力臂上各有一个夹块，可防止在大力夹紧工件的同时不弄花工件，确保工件的表面平整。

图 3-9　细齿锉的使用方法

图 3-10　F 型木工夹的使用方法

⊙ 教学级带锯机

教学级带锯机（见图 3-11）是开荒锯中最温和的一种，即便是第一次使用也非常安全，一般用于替代高速片锯，避免安全问题。带锯机可以进行多种材料的切割工作，支持角度斜切及一定弯度的曲线切割。

使用方法与注意事项如下。

开机：

1. 清洁工作台面，保证干燥、清洁。

2. 检查锯条防护罩是否关闭好。

3. 检查锯条、电机皮带松紧及锯条限位装置。

4. 调整锯条与轮子的相对位置，并锁紧。

5. 调整锯条的深浅度至与工件相符合，以保护双手。

6. 各部件正常后，打开电源主机开关。

操作：

7. 将工件平稳置于工作台上。

8. 按要求移动工件，加工出所要求的规格。

9. 两手应与带锯保持一定距离。

关机：

先关机器开关，再关电源开关。

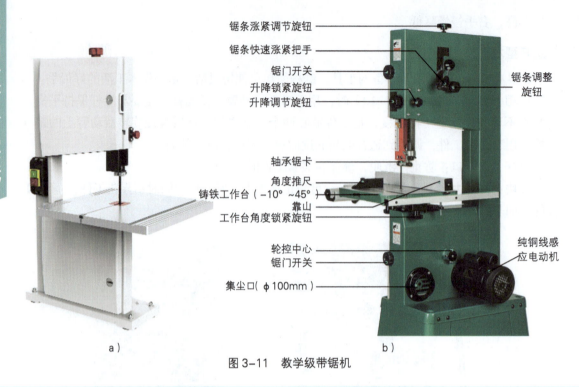

图 3-11 教学级带锯机

劳动过程

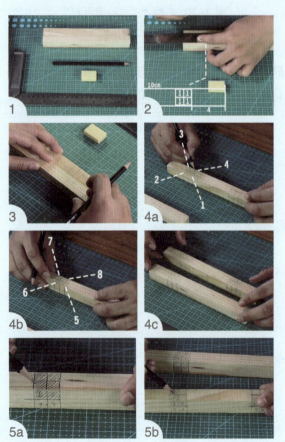

⊙ 木料画线

1. 原料尺寸为：200mm×20mm×20mm 的四棱柱。

2. 等分原料，画中心线；在每个木条的中央处画 4 个边长为 10mm 的正方形。

3. 旋转木条，在木条的 4 个面上都画上 4 个正方形。

4. 为正方形编号，一面编号为 1、2、3、4，对称面编号为 5、6、7、8。注意：3 根木条都要进行编号。

5. 1 号木条去掉 1、2、3、4、7、8 区域，切掉区域用阴影标记。2 号木条与 1 号木条一样，去掉 1、2、3、4、7、8 区域。3 号木条去掉 1、3、4、6 区域。

⊙ 木料切割

1. 操作前戴好护目镜。使用带锯机切割木条时应缓慢推动木料。为保证后期留有打磨余量，切割时下刀位置应该在阴影内部，留出边界线的画线痕迹。

2. 如图 2a 所示，沿原料中线把原料一分为二。如图 2b 所示，切割阴影区域时，先切割阴影边界，然后把阴影区域中间切割成"梳子"状。
2 号和 3 号木条切割方法与 1 号相同。

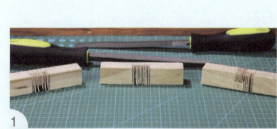

⊙ 打磨

1. 如图 1 所示，使用三角形锉刀和半圆形锉刀进行打磨。

2. 1）首先用手将"梳子"状的锯齿掰掉，如图 2a 所示。
2）使用 F 型木工夹固定木条，使用半圆锉刀打磨 1 号木条阴影区域至画线处，如图 2b 所示。
3）使用同样方法，把 2 号木条中间部分打磨成圆柱形，如图 2c 所示。
4）使用三角锉刀打磨 3 号木条至画线处，如图 2d 所示。

⊙ 调试装配

1　将2号木条卡入3号木条内，旋转2号木条，保证旋转时不遮挡3号木条的另一个开口处；将1号木条卡入3号木条的另一开槽处。

2　旋转2号木条，使3跟木条互相垂直。

3　试装配时若感觉阻力过大或装配平面有较大凸起，应进一步打磨，使接触面变得光滑易于安装。

拆解时，先旋转2号木条，再取出1号木条，最后将2号和3号木条分离。

劳动成果

通过学习三柱孔明锁的制作流程，认真履行操作步骤，完成自己的作品，将作品图片等佐证材料填入劳动成果展示表中，具体见表3-2。

表3-2　劳动成果展示表

劳动成果名称	劳动成果形式	备 注
三柱孔明锁	制作过程和阶段成品照片 三柱孔明锁实物	个人成果

主题 2　弘扬工匠精神
——成为优秀的劳动者

概 述

一、工匠精神的内涵

工匠精神，英文是 Craftsman's spirit，是一种职业精神，它是职业道德、职业能力、职业品质的体现，是从业者的一种职业价值取向和行为表现。"工匠精神"，是指工匠对自己产品精雕细琢、精益求精的精神理念，是工匠在生产实践中凝聚形成的务实严谨、专注专一的可贵品质。"工匠精神"的基本内涵包括敬业、精益、专注、创新等方面的内容，具体内容见表 3–3。

表 3-3　工匠精神的内涵

序号	内涵	具体内容
1	敬业	从业者基于对职业的敬畏和热爱而产生的一种全身心投入的认认真真、尽职尽责的职业精神状态
2	精益	精益就是精益求精，是从业者对每件产品、每道工序都凝神聚力、精益求精、追求极致的职业品质
3	专注	专注就是内心笃定而着眼于细节的耐心、执着、坚持的精神，这是"大国工匠"所必须具备的精神特质
4	创新	"工匠精神"还包括追求突破、追求革新的创新内蕴

二、如何结合专业学习、岗位工作践行工匠精神

工作熟练无误，仅以为"工"，而未成"匠"；由表及里、精益求精乃为"工匠"。想要成为"工匠"，最重要的就是要热爱专业，用满腔的热忱投入到专业学习、实践当中，在实践中实现自己的人生价值，不断学习，不断进步，只有这样，才能在专业实践中践行工匠精神，图 3–12 结合专业学习、岗位工作对践行工匠精神给出了几点建议。

"工匠精神"，不是一朝一夕的慷慨激情，而是长年累月的坚守。在平凡的岗位上，始终保持初心，且心无旁骛，锲而不舍，这才是真正的"工匠精神"。

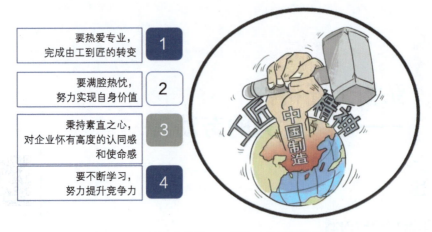

图 3–12　结合专业学习、岗位工作践行工匠精神

三、大国工匠年度人物

"大国工匠年度人物"是由全国总工会、中央广播电视总台联合举办的活动。2019年"大国工匠年度人物"是 10 位来自国防军工、装备制造、交通运输、传统工艺等多个行业的顶尖技术技能人才。他们分别是：中国电子科技集团有限公司第十四研究所班组长胡胜，天津航天长征火箭制造有限公司总装车间特级技师崔蕴，中国一重集团有限公司锻铸钢事业部水压机锻造厂锻造班长刘伯鸣，中信重工机械股份有限公司班长杨金安，中国科学院深海科学与工程研究所工人周皓，大连船舶重工集团有限公司军品总装二部钳工班长戴振涛，一汽铸造有限公司产品技术部模具制造车间班长李凯军，福建腾晖工艺有限公司高级工艺美术师郑春辉，中国人民解放军第五七一三工厂工人孙红梅，浙江省海港集团、宁波舟山港集团宁波北仑第三集装箱码头有限公司桥吊班大班长竺士杰。

下面让我们一起寻找本专业的技能大师，观摩大师的精湛技艺。

 寻找本专业技能大师

● **劳动目标**

寻找本专业技能大师。

● **劳动内容**

深刻理解工匠精神，树立敬业、精益、专注、创新的工匠意识。以小组为单位，采取讨论法确定寻找本专业技能大师的方案，并落实寻找方案。

● 劳动方法

本任务中主要涉及以下劳动方法：

1. 搜集信息资料。
2. 小组研讨。
3. 制订寻找方案。
4. 寻找技能大师。
5. 完成专业技能大师简介。

⊙ 信息资料搜集常用方法

1. 浏览器搜索。
2. 阅读相关书籍、报刊。
3. 观看或收听相应的频道。
4. 向相关人员进行咨询。
5. 购买专业机构的相关信息。

⊙ 制订专业技能大师寻找方案

方案主要内容参考：寻找人物拟定、寻找时间、寻找小组成员、寻找方式、寻找工作准备、寻找具体任务。

⊙ 人物简介的方法

人物简介，是简单介绍先进集体中的每个先进人物，或单个英雄、模范人物时，运用的一种应用文样式。目的在于激励先进，促使人们互相学习，互相鼓励，共同前进。

人物简介的正文，通常包括被介绍人的姓名、性别、年龄、职业、突出贡献、获得的荣誉称号等。在介绍完人物的上述情况之后，必要时可以写一些歌颂、赞扬的话，对其贡献做出评价。举例如下。

，男，汉族，年出生，数控车工高级技师，**年毕业于**学校，**年进修取得**学历。学生时期凭着出众的技能水平，经常在教学比武中获奖，**年留校任教。**年荣获**省数控技能大赛数控车工教师组一等奖；**年获**省职业技能大赛数控车工教师组第一名，荣获"**省技术能手"荣誉称号，获"**省教学标兵"荣誉称号；**年获**省百优工匠、五一劳动奖章，**年被授予**市技能大师工作室领衔人。

● 劳动过程

1. 确定寻找小组。

建议随机分组，可以采取学生循环报号法进行分组（例如：1到6循环报号，将全班分成6组）；也可以采用抽取扑克牌法进行随机分组（例如：所有抽到3的为1组）。

2. 收到任务，分析任务。教师下发寻找本专业技能大师的任务，各组接收任务后，确定具体任务、寻找方式、准备工作，完成劳动任务实施计划表。

3. 信息资料搜集。应用信息搜集方法，确定本专业技能大师名单。

4. 小组研讨，完成寻找方案。
5. 落实方案，寻找技能大师相关资料。
6. 完成专业技能大师简介、劳动成果展示表。
7. 每个同学完成劳动心得体会。

>
> 注意事项
> ◆ 小组组长做好组织工作。
> ◆ 团队成员要具有服从意识，服从组长安排，积极参与团队任务。

● 劳动成果

劳动成果包括本专业技能大师寻找方案；本专业技能大师简介。具体内容见表3-4。

表 3-4　劳动成果展示表

序　号	劳动成果名称	劳动成果形式	备　注
1	本专业技能大师寻找方案	方案	团队成果
2	本专业技能大师简介	简介	团队成果

 观摩大师精湛技艺

● 劳动目标

观摩大师精湛技艺。

● 劳动内容

对各个小组寻找的专业技能大师进行筛选，确定观摩的大师，以班级为单位，采取现场或视频观摩方法。通过观摩大师精湛技艺，进行现场交流，寻找差距，促进反思。寻找有效提高技艺的方法，促进学生积极、主动、健康发展。

● 劳动方法

本任务中主要涉及以下劳动方法：
1. 现场观摩。
2. 过程记录。
3. 交流探讨。
4. 自我反思。

⊙ 现场观摩

"观摩",观看学习。出自《礼记·学记》:"相观而善之谓摩。"多指观看彼此的成绩,交流经验,互相学习。

现场观摩最突出的特点是现场性,通过现场观摩,获取直观感受,并与其对比形成赶超的良好氛围,现场观摩兼顾时效性和灵活性特性。现场观摩者有"新、高、实、全、景、效"6个看点,具体内容如图 3-13 所示,通过观摩想出新办法,拓宽新思路,不断提升自我。

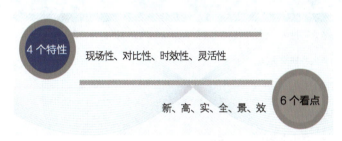

图 3-13 现场观摩要点

⊙ 过程记录

如图 3-14 所示,过程记录时有几点需要注意。一定要真实记录,记录技能大师精湛技艺展示的真实内容、真实过程、真实效果;要注意详细记录,特别要注意细节记录,这样对个人提升具有很好的效果;可以采取拍照、视频、文字等多形式记录。

图 3-14 过程记录注意事项

⊙ 交流探讨

大师分享成功经验,学生查找差距、寻求方法、树立信心、努力提升。

⊙ 自我反思

反思是提升学习能力的钥匙!曾子曰:"吾日三省吾身:为人谋而不忠乎?与朋友交而不信乎?传不习乎?"这句话教育我们每天应该经常反省自己。反省自己的学习、工作的态度,学习、工作过程存在的问题,学习、工作成果的差距。

● 劳动过程

1. 和观摩大师沟通,确定观摩时间、地点等相关事宜。
2. 完成劳动任务实施计划表。

3. 进行观摩准备，需准备手机、记录表等。

4. 现场观摩并记录，完成专业技能大师精湛技艺观摩记录表，见表 3-5。完成劳动成果展示表。

5. 总结反思，书写劳动心得体会。

表 3-5　专业技能大师精湛技艺观摩记录表

班级：　　　姓名：

序号	项目	内容记录
1	专业技能大师姓名	
2	专业技能大师研究方向	
3	观摩时间	
4	观摩地点	
5	观摩过程记录（主要包括技艺演示过程，可添加图片）	
6	成果评价	

注意事项

◆ 统一服装，建议穿运动服或劳动服装。
◆ 遵守观摩纪律，听从指挥，不能迟到早退，不能随意触碰设施设备。
◆ 尊重他人，态度和蔼、大方；要文明礼貌，措辞得体。

● 劳动成果

劳动成果包括观摩照片、视频、观摩记录表等，具体见表 3-6。

表 3-6　劳动成果展示表

序号	劳动成果名称	劳动成果形式	备注
1	专业技能大师精湛技艺观摩记录表	表单	个人成果
2	观摩过程材料	照片、视频	个人成果

主题 3　弘扬劳模精神
——成为影响别人的劳动者

概　述

一、劳模精神的内涵

劳模精神，是指"爱岗敬业、争创一流、艰苦奋斗、勇于创新、淡泊名利、甘于奉献"的劳动模范精神。24字劳模精神在任何时候都需要，都不过时。

二、弘扬劳模精神的必要性

劳模精神集中体现了社会主义核心价值体系的要求。先进思想的武装、共同理想的激励、民族精神的传承、时代精神的塑造、价值观念的校正，都被注入劳模精神的形成过程之中，都成为劳模精神的构成要素，具体如图3-15所示。

图 3-15　劳模精神的构成要素

一个民族拥有了劳动光荣、知识崇高、人才宝贵、创造伟大的时代精神，就具有了持续发展的不竭动力，就会形成强大的精神动力，也必然会傲然屹立于世界民族之林。

三、如何立足岗位弘扬劳模精神

个人成长与事业、行业、组织息息相关，要做到进一行、爱一行，要充分感受到平台的作用，并且要时刻怀有一颗感恩的心，可以从政治、业务、精神、法制四个方面做到"立足岗位，弘扬劳模精神"，具体做法如图3-16所示。

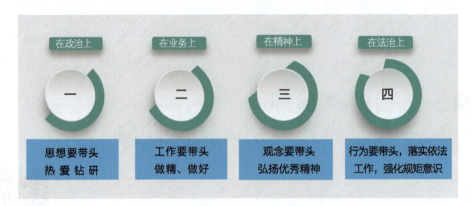

图 3-16 立足岗位弘扬传承劳模精神

四、新时期劳模的时代精神

新时代语境下,身边的劳动模范守正创新,用爱岗敬业的职业操守、精益求精的卓越追求、持之以恒的韧性品格、甘于奉献的人生境界,锻造具有时代气息的"匠心"。

(一)新时代需要产业工人敢创新、能担当——记全国劳模许振超

许振超的名字和攻关、创新紧密相连。为解决集装箱轮胎式龙门吊费油、污染环境的难题,他经过两年多的摸索,从飞机空中加油技术上得到启发,于2007年成功完成了集装箱轮胎式龙门吊的"油改电"工程,被新加坡、澳大利亚、英国等国家的码头效仿。许振超说,党的十九大报告提出,要弘扬劳模精神和工匠精神,营造劳动光荣的社会风尚和精益求精的敬业风气,体现了新时代对产业工人的需求。他表示,自己及团队所取得的成绩,很大程度上依靠技术、装备的进步,我国的装备和技术仍有很大的改善空间,新时代需要产业工人敢创新、能担当,呼唤工匠精神。

(二)新时代产业工人中的"大国工匠"——记全国劳模吴宏立

"精益求精、毫厘不差"是吴宏立对自己的基本要求。有一次,企业接到一份加急订单,为中国一汽集团生产换向座,由于此产品的加工形状十分复杂,尺寸又要求极为严格,加工任务难度很大,企业就把这项艰巨的任务交给了吴宏立。吴宏立毫不犹豫、迎难而上。"手有金刚钻,不怕揽下瓷器活。"吴宏立凭借匠人之心和技术技能,起早贪黑仅用了20多天时间就设计和制作出11套夹具、7种量具和40多种刀具,消除了所有制约生产的拦路虎,保质保量保时地完成了生产加工任务,受到用户方的高度肯定和好评。"奋斗、追梦、创新、增效"是吴宏立的始终追求和自觉践行。多年来,吴宏立立足本职岗位,结合企业发展战略和生产产品任务,持续进行技术创新创造。

劳模精神折射出一个时代的人文精神,反映出一个民族在某一个时代的人生价值和思维道德取向,全国各行各业不断涌现出"不怕苦、不怕累、讲奉献、比贡献"的时代英雄,我们身边也有默默无闻奉献自己光和热的劳动模范,这些人都是我们学习的榜样,让我们走进他们,访谈身边劳模,和他们一起工作,一起成长。

任务1 对身边的劳动模范进行访谈

● 劳动目标

访谈身边的劳动模范。

● 劳动内容

了解并领悟"爱岗敬业、争创一流、艰苦奋斗、勇于创新、淡泊名利、甘于奉献"的劳动模范的精神。以小组为单位，采取讨论法确定访谈对象、完成访谈记录。

● 劳动方法

本任务中主要涉及以下劳动方法：
1. 搜集信息资料。
2. 小组研讨。
3. 访谈。
4. 访谈记录编写。

⊙ 访谈法

访谈法（Interview）又称晤谈法，是指通过访员和受访人面对面地交谈来了解受访人的心理和行为的心理学基本研究方法。因研究问题的性质、目的或对象的不同，访谈法具有不同的形式。根据访谈进程的标准化程度，可将它分为结构型访谈和非结构型访谈。访谈法运用面广，因而深受人们的青睐。

⊙ 访谈的主要类型

访谈有正式的，也有非正式的；有逐一采访询问的，即个别访谈，也可以开小型座谈会，进行团体访谈。在访谈过程中，尽管谈话者和听话者的角色经常在交换，但归根到底访员是听话者，受访人是谈话者。访谈以一人对一人为主，也可以在集体中进行，图3-17列出了主要的访谈类型。

图3-17 访谈主要类型

⊙ 访谈步骤

访谈前要做三方面准备工作,分别是:了解访谈对象,包括性格、喜好等;准备访谈大纲;模拟访谈过程,访谈的 5 个步骤如图 3-18 所示。

图 3-18　访谈的 5 个步骤

⊙ 访谈规则

访谈时要做到"三要六不要",具体如图 3-19 所示。

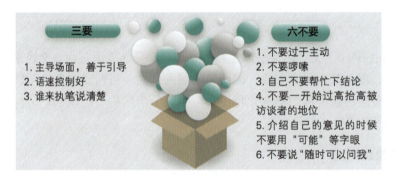

图 3-19　访谈"三要六不要"

⊙ 访谈技巧

为使访谈活动顺利有效开展,要注意把握访谈技巧,具体如图 3-20 所示。

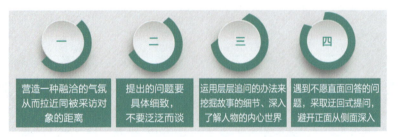

图 3-20　访谈四大技巧

⊙ 访谈记录

访谈记录可以是文字记录,可以是录音,也可以是视频录像。访谈记录是应用写作研究的重要文体之一，举例如下。

人物访谈记录

访谈时间：_____年____月____日

访谈方式：当面采访 \ 电话采访 \ 网络采访

访谈人：X

被访谈人：Y

被访谈人简介：Y，硬件工程师，毕业于福州大学，在大学毕业后直接签约A公司，成为一名研发人员，经过几年的打拼，Y终于在工作上取得很大的突破，从一名普通研发人员成为研发处主管。Y对于成功的座右铭是：实干＋敢干＋机遇，正是他的这种实干精神使得他取得个人职业发展的成功。

访谈内容：_____

问：_____

答：_____

问：_____

答：_____

我的收获：_____

● 劳动过程

1. 确定访谈小组。
2. 下发任务，收集身边劳动模范的信息资料。
3. 小组研讨，确定访谈对象。
4. 沟通确定访谈方案。
5. 落实方案，每个人都要完成访谈记录表一份，具体内容见表3-7。

表3-7 身边劳动模范访谈记录表

序号	项目	具体内容
1	访谈时间	年　　月　　日
2	访谈方式	
3	访谈人	
4	被访谈人	
5	被访谈人简介（工作单位、职务、个人业绩等）	
6	访谈现场图片	
7	访谈内容记录	问： 答： 问： 答： 问： 答：

注意事项
- ◆ 访谈前要做好充分准备。
- ◆ 访谈中要注意着装和仪表，态度和蔼、大方；要文明礼貌，措辞得体。
- ◆ 要尊重被访谈者，注意保护他们的信息安全和个人隐私。

● **劳动成果**

劳动成果包括身边的劳动模范访谈记录表、访谈过程材料，具体见表3-8。

表3-8 劳动成果展示表

序号	劳动成果名称	劳动成果形式	备注
1	身边的劳动模范访谈记录表	表单	个人成果
2	访谈过程材料	照片、录像	个人成果

任务2 与劳模一起工作

● **劳动目标**

与劳模一起工作。

微课23

● **劳动内容**

各个小组访谈劳动模范后，开展与劳模一起工作的活动，一方面学习劳模精湛的技术，另一方面学习劳模不怕困难、勇于拼搏的劳模精神。与劳模一起工作，一起成长。

● **劳动方法**

本任务中主要涉及以下劳动方法：
1. 观察法。
2. 工作实践法。
3. 完成工作总结。

⊙ **观察法**

观察法是研究者有目的、有计划地在自然条件下，通过感官或借助于一定的科学仪器，对社会生活中人们行为的各种资料的搜集过程。使用观察法时应把握求实原则、全方位原则、遵守原则，具体如图3-21所示。

图 3-21　观察法应用原则

⊙ **工作实践法**

工作实践法（见图 3-22）又称参与法，是指工作分析者参与某一职位或从事所研究的工作，从而细致深入地了解和分析职务特征及要求，在工作过程中掌握有关工作的第一手资料。该方法可以准确了解工作要求，比面谈询问、书面调查等方法，更能获得更真实可靠的数据资料，可以准确地了解工作的实际任务和体力、环境、社会方面的要求，但花费代价较高，适用于短期内可掌握的工作。同时由于工作分析人员本身知识与技能的局限，使工作实践法运用范围很窄，不适用于在现代化大生产条件下，对操作的技术难度、工作频率、质量等要求高及有危险性的工作。

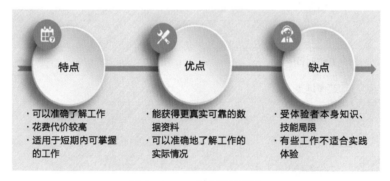

图 3-22　工作实践法要点

⊙ **工作总结**

当工作进行到一定阶段或告一段落时，需要回过头来对所做的工作进行认真的分析，肯定成绩，找出问题，归纳经验教训，提高认识，明确方向，以便进一步做好工作，并把这些用文字表述出来，就叫作工作总结（见图 3-23）。

书写工作总结要用第一人称。表达方式以叙述、议论为主，说明为辅，可以夹叙夹议。例如谈成绩要写清怎么做的，为什么这样做，效果如何，经验是什么；谈存在问题，要写清是什么问题，为什么会出现这种问题，其性质是什么，教训是什么。这样的总结，才能对前一段的工作有所反思，并由感性认识上升到理性认识。工作总结主要包括以下内容：基本情况、成绩做法、经验教训、今后打算。

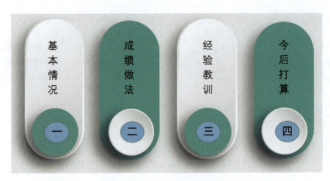

图 3-23 工作总结的内容

● 劳动过程

1. 确定与劳模一起工作的方案,包括时间、地点、工作准备。
2. 观察劳模工作内容、做好记录,包括文字记录、照片记录、视频记录。
3. 实践劳模工作内容。
4. 记录工作过程,完成工作总结,请同学们填写表 3-9。

表 3-9 工作总结表

总结项目	项目内容	具体情况
基本情况	劳模简介	
	工作目的	
	工作时间	
	工作地点	
成绩做法	工作过程	
	工作成果展示	
经验教训	工作经验	
	工作教训	
今后打算	下一步计划	

总结人签字: 　　　　　总结时间:

● 劳动成果

记录与劳模一起工作的过程,完成工作总结,具体内容见表 3-10。

表 3-10 劳动成果展示表

序号	劳动成果名称	劳动成果形式	备注
1	与劳模一起工作的总结	总结	个人成果
2	工作过程材料	照片、录像	个人成果

⚠ 注意事项
◆ 端正态度，少说多看多做多想。
◆ 工作时不得喧哗、打闹。
◆ 注意工具设备的使用方法，确保工作安全。
◆ 工作结束，要保证工作区域干净整洁。

单元四 养成良好的劳动品质

主题 1 合法劳动

概　述

　　合法是指符合法律规定，不为法律所禁止的行为，合法可从广义和狭义两个角度去理解。广义的合法，即法治意义上的合法行为，指不为法律所禁止的一切行为。实际上就是法律宽容的、不加追究的行为。狭义的合法行为，即法律意义上的合法行为，指主体在自己意志支配下实施的，符合法律规范的，对社会有益或至少无害，从而受法律保护的行为。

　　合法劳动，即用人单位依法制定的各项劳动规章制度适用于劳动者，劳动者受用人单位的劳动管理，从事用人单位安排的有报酬的劳动。合法劳动包含了 4 项内容，如图 4-1 所示。

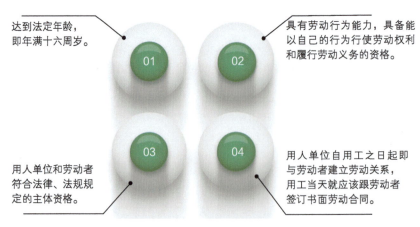

图 4-1　合法劳动的 4 项内容

近几年来，随着经济的发展，生活水平不断提高，人民整体文化素质大大提升，法律意识和自我保护意识逐渐增强，人们越来越注重维权和个人信息保护，作为一名大学生，更应该多了解一些法律知识，在学习和工作中警钟长鸣，即便是一张小小的图片也不可随意使用，否则会带来很大的麻烦。

本主题将通过"合法设计标识"和"合法快递"两个任务来帮助学生理解合法劳动的含义和重要性，在未来的职业生涯中做到合法劳动。

任务1　合法设计标识

标识，是以标识系统化设计为导向，综合解决信息传递、识别、辨别和形象传递等功能的整体解决方案。标识在设计时要突出如下特点，见表4-1。

表4-1　标识设计时要突出的特点

功用性	标识的本质在于它的功用性。虽然具有观赏价值，但标识主要不是为了供人观赏，而是为了实用。标识具有不可替代的独特功能，具有法律效力的标识尤其兼有维护权益的特殊使命
识别性	标识最突出的特点是易于识别。显示事物自身特征，标示事物间不同的意义、区别与归属是标识的主要功能
显著性	显著性是标识又一重要特点，除隐形标识外，绝大多数标识的设置就是要引起人们注意。因此标识的设计要求色彩强烈醒目、图形简练清晰
多样性	标识种类繁多、用途广泛，无论从其应用形式、构成形式、表现手段来看，都有着极其丰富的多样性。其应用形式，不仅有平面的、立体的，具象、意象、抽象图形构成的，还有以色彩构成的。多数标识是由几种基本形式组合构成的
艺术性	经过设计的标识都应具有某种程度的艺术性。既符合实用要求，又符合美学原则。一般来说，艺术性强的标识更能吸引和感染人，给人以强烈和深刻的印象
准确性	标识无论要说明什么、指示什么，无论是寓意还是象征，其含义必须准确。尤其是公共标识，首先要易懂，符合人们认识心理和认识能力。其次要准确，避免意料之外的多解或误解，尤应注意禁忌。让人在极短时间内一目了然、准确领会无误，这正是标识优于语言、快于语言的长处
持久性	标识与广告或其他宣传品不同，一般都具有长期使用价值，不轻易改动

同时，设计标识时，注意不要侵犯以下法律权利，见表4-2。

表 4-2　设计标识时不可侵犯的法律权利

著作权	美术作品、建筑作品、摄影作品、图形作品等都属于《中华人民共和国著作权法》保护的范围。《中华人民共和国著作权法》第十条规定的两项权利非常重要：改编权和信息网络传播权。改编权：即改变作品，创作出具有独创性的新作品的权利；信息网络传播权：即以有线或者无线方式向公众提供作品，使公众可以在其个人选定的时间和地点获得作品的权利
肖像权	如果标识中有模特或者其他人物，就涉及肖像权的问题。《中华人民共和国民法通则》第一百条规定，公民享有肖像权，未经本人同意，不得以营利为目的使用公民的肖像。其中所谓的以营利为目的就是商业性使用
商标权	标识涉及的商标权主要有两种情况 第一种情况是把他人图片申请为商标。例如：把他人拍的照片或者画的画作为商标的标志。很多商标不是文字商标，而是图形商标。《中华人民共和国商标法》第三十二条规定，申请商标注册不得损害他人现有的在先权利，也不得以不正当手段抢先注册他人已经使用并有一定影响的商标 第二种情况是把他人商业性标志拿来用在了包装、海报或者其他宣传材料上。这种情况还有可能违反《中华人民共和国反不正当竞争法》的规定，属于擅自使用与他人有一定影响的商品名称、包装、装潢等相同或者近似的标识的行为
隐私权	隐私权，指自然人所享有的个人信息、个人私事和个人领域不受他人侵犯的权利。仅自然人享有隐私权

由此可见，小小的一个标识涉及的权利还是很多的，我们只有掌握了法律知识才能防止在无意间触犯法律，同时也能够保护自己的合法权益。另外，我们要善于动脑，多学习勤思考，才能设计出属于自己的原创作品。本任务以"利用 PS 软件设计班徽"为例，学习如何用电脑设计班徽，懂得尊重他人灵感保护自己作品，做一名知法守法的大学生。

● 劳动目标

利用 PS 软件设计班徽。

● 劳动内容

PS 软件的基本用法、班徽的设计。

● 劳动方法

使用软件：Photoshop CS6，软件图标如图 4-2 所示。

图 4-2　Photoshop CS6 图标

● 劳动过程

桌面上双击软件图标，打开软件。

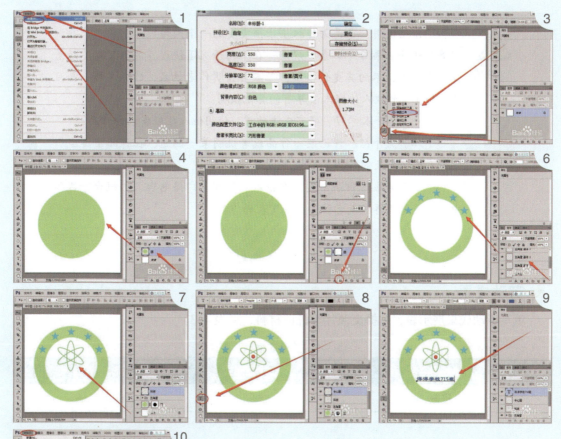

1 单击"文件"菜单,选择"新建"选项。

2 将图像文件的宽度和高度都设置为550像素。

3 工具栏中,选择椭圆工具。

4 选择合适的颜色,新建一个图层,绘制一个正圆。

5 在绘制圆的图层上,新建一个蒙版,将圆的内部镂空。

6 在圆上添加一些简单图案的点缀,本例为五角星(可用多边形工具绘制)。

7 使用椭圆工具,通过多次重复变形的操作,绘制一个图案。

8 选择工具栏中的文本工具。

9 设置好字体、字号和颜色后,输入学校和班级信息。

10 最后,单击"文件"菜单,选择"存储为"选项,将文件保存为图片。

注意事项

"合理使用"也是著作权法上很重要的一个问题。《中华人民共和国著作权法》第二十二条中规定：在下列情况下使用作品，可以不经著作权人许可，不向其支付报酬，但应当指明作者姓名、作品名称，并且不得侵犯著作权人依照本法享有的其他权利：

（一）为个人学习、研究或者欣赏，使用他人已经发表的作品；

（二）为介绍、评论某一作品或者说明某一问题，在作品中适当引用他人已经发表的作品；

（三）为报道时事新闻，在报纸、期刊、广播电台、电视台等媒体中不可避免地再现或者引用已经发表的作品。

● 劳动成果

填写劳动成果展示表，并提交照片等佐证材料，见表4-3。

表4-3 劳动成果展示表

劳动成果名称	劳动成果形式	备注
班徽	作品	个人成果

任务2 合法快递

快递又称速递或快运，是指物流企业(含货运代理)通过自身的独立网络或以联营合作(即联网)的方式，将用户委托的文件或包裹，快捷而安全地从发件人送达收件人的、门到门(手递手)的新型运输方式。

快递有广义和狭义之分。广义的快递是指任何货物(包括大宗货件)的快递；而狭义的快递专指商务文件和小件的紧急递送服务。从服务的标准看，快递一般是指在48小时之内完成的快件送运服务。从快递的定义中，可以概括出快递的以下3个特征，如图4-3所示。

图4-3 快递的特征

在中国，快递业者可以不同的规模运作，小至服务特定市镇，大至区域、跨国甚至是全球服务。现在主要的全球性快递公司包括 DHL 国际快递、UPS 快递、联邦快递和 TNT 快递。

中国主要快递机构有：顺丰速运、邮政快递、宅急送、中通快递、圆通速递、申通快递、百世快递、韵达快递、天天快递、京东快递等。

同时我国相应出台了一些政策法规，以保障合法快递、安全快递。

● 劳动目标

1. 恪尽职守，认真做好本职工作。
2. 热爱本职工作，激发工作热情。
3. 摆正工作位置，承担岗位责任。
4. 培养团队意识，加强沟通合作。
5. 注重团队协作，提升工作效能。

● 劳动内容

1. 负责区域内的物品送达及货款的及时返回。
2. 执行业务操作流程，准时送达物品，指导客户填写相关资料并及时取回。
3. 整理并呈递相关业务单据和资料。
4. 负责取、派件工作，确保客户及时无误地收、发货件。
5. 扩大本区域取派件业务量，开发客户。

● 劳动方法

使用快递专用工具、设备和应用软件系统，从事国内、国际及港澳台地区的快件揽收、分拣、封发、转运、投送、信息录入、查询、市场开发、疑难快件处理等工作。

● 劳动过程

1

1 工作准备

1）确保通信工具、交通工具的工作状态良好。
2）确认面单、封装物、胶带、电子秤、工具刀等，以及价目表、宣传册、发票等物料票据准备齐全。
3）确认工作证件、驾驶证件、车辆证件携带齐全。
4）保证个人仪容仪表，调整好工作状态。
5）熟知最新的公司业务动态。
6）至客户处要确保交通工具停放妥当，不违章，不影响他人。
7）进门先整理好个人仪表，主动向客户表明身份，并出示证件，说明来意。
8）妥善放置已揽收快件。

劳动教育与实践

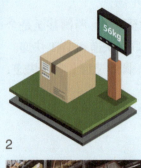

2 **快件核查**
1）确认客户寄递的快件是否在快递公司的派送区域之内，对不在服务区域内的快件可向客户提供解决方案或不予收寄。
2）严格按照《快递寄递物品安全管理办法》的要求对快件验视，若属于禁寄物品或限寄物品的，则不予收寄，若发现违反国家法律法规的物品必须及时向公司及国家相关部门报告。

3 **快件分拣**
处理中心的工作人员对快件进行分拣封发工作，包括到件接收、分拣、封装、发运等。

4 **快件投递**
快递员对于本区域的快件提供上门投递服务，在投递过程中要确保人员及快件的安全。

 注意事项

- 做快递员不要把货丢了，取货的时候一定要对好号，不要弄乱了，最后对不上了。
- 派送货后，要及时扯回执单，别忘了保存好。
- 熟悉派送区域路线，逻辑观念强，先送什么地方，然后再送什么地方，统筹安排派送路线，提高效率。
- 提前打电话告知包裹联系人，以免扑空，走冤枉路。

● **劳动成果**

按照合法快递工作过程完成任务，并填写劳动成果表，见表4-4。

表4-4 劳动成果展示表

序 号	劳动成果名称	劳动成果形式	备 注
1	工作准备	照片	
2	快件核查	照片	
3	快件分拣	照片	
4	快件投递	照片	

主题 2 安全劳动

概 述

一、安全劳动的含义

劳动是人类社会生存和发展的基础，是人维持自我生存和自我发展的唯一手段。安全劳动是指在生产劳动过程中，防止中毒、车祸、触电、塌陷、爆炸、火灾、坠落、机械外伤等危及劳动者人身安全的事故发生。

二、日常劳动中需要注意的安全事项

1. 用电安全

当人体接触到带电体，有电流通过人体时，轻则有针刺、麻木、剧痛等感觉，重则发生痉挛，出现心律不齐、血压升高、呼吸困难等症状，甚至在很短的时间内心跳停止、死亡。这就是触电事故。

用电中的安全问题主要有两个方面，一是人身安全，二是财产安全。为了杜绝事故的发生，用电时要注意以下内容，如图 4-4 所示。

2. 用火安全

百姓在日常工作生活中，要注意用火、用电和用气安全，小心使用炉子、液化石油气灶等各种明火以及电暖气等家用电器。

用火时应注意如图 4-5 所示事项。

不站在地上去接触相线；站在绝缘体上，穿着绝缘鞋也不能让身体同时接触相线与零线。

要保护好电线、插头、插座、灯座及电器绝缘部分。要保持绝缘部分的干燥，不要用湿手去扳开关、插入或拔出插头。

电线不要与金属物接触，不要将电线挂在铁钉上，以免发生短路。

禁止用铜丝代替熔丝，禁止用橡皮胶代替电工绝缘胶布。

在电路中安装触电保护器，并定期检验保护器的灵敏度。

不要在煤炉附近放置易燃物品，如烟囱通过的窗子为木结构时，应采取保护措施。家中无人时或者在夜间，要把炉子暂时封好，避免发生意外。

所用燃煤及木柴不要大量堆放在室内或楼道内，以免遇到火源引发火灾。

发生火灾不要惊慌，应立即用自来水或浸水的棉被扑灭。火势较大时拨打 119 报警。

在使用电热毯时，睡觉时一定要拔掉电源；电热毯不要折叠使用，不能直接放于身下使用，需要在电热毯上放一层薄褥子，以免电热毯发生漏电时对人体造成伤害。

不要把电器装置件安装在露天和有腐蚀气体的场所。电器装置件与导线连接处应接触牢固，插座附近不要堆积可燃物，特别要注意不能用裸线头代替插头。

图 4-4 用电注意事项　　　　图 4-5 用火注意事项

本主题设置了"换灯具"和"户外安全摄影"两个任务,帮助学生树立安全劳动的意识,杜绝事故的发生。

任务1　换灯具

灯具是指能透光、分配和改变光源光分布的器具,包括除光源外所有用于固定和保护光源所需的零部件,以及与电源连接所必需的线路附件。

家庭日常生活中,灯具是必不可少的日常用品。更换电灯时,要合理、安全地进行操作。

明确统一的标志是保证用电安全的一项重要措施。统计表明,不少电气事故完全是由于标志不统一而造成的。例如,由于导线的颜色不统一,误将相线接设备的机壳,而导致机壳带电,酿成触点伤亡事故。

标志分为颜色标志和图形标志。颜色标志常用来区分各种不同性质、不同用途的导线,或用来表示某处的安全程度。图形标志一般用来告诫人们不要去接近有危险的场所。为保证安全用电,必须严格按有关标准使用颜色标志和图形标志。我国安全色标采用的标准,基本上与国际标准草案(ISD)相同。一般采用的安全色有以下几种,如图4-6所示。

1)红色:用来标志禁止、停止和消防。例如信号灯、信号旗、机器上的紧急停机按钮等都是用红色来表示"禁止"的信息。

图 4-6　安全色的种类

2)黄色:用来标志注意危险。例如"当心触电""注意安全"等。

3)绿色:用来标志安全无事。例如"在此工作""已接地"等。

4)蓝色:用来标志强制执行,例如"必须戴安全帽"等。

5)黑色:用来标志图像、文字符号和警告标志的几何图形。

按照规定,为便于识别,防止误操作,确保运行和检修人员的安全,采用不同颜色来区别设备特征。例如电气母线,A相为黄色,B相为绿色,C相为红色,明敷的接地线涂为黑色。在二次系统中,交流电压电路用黄色,交流电流电路用绿色,信号和警告电路用白色。

那么,了解了基本的电路常识之后,该如何操作呢?让我们一起来看一下吧!

● 劳动目标

掌握合理用电的安全技巧及方法,通过这些技巧与方法安全地进行灯具更换。

● 劳动内容

了解用电常识,更换灯具。

● 劳动方法

更换灯具的劳动方法包括如下内容：

1. 掌握基本电路知识。
2. 明确电器统一标志。
3. 不同灯具的不同拆卸及更换办法。
4. 对漏电、触电的紧急应对。

⊙ 基本电路知识

1. 左零右火是电气安装的规范、规定。这个规定涉及安全用电，因此在电气安装规范中是非常重要的。面向插座时，单相两孔插座为左零右火；单相三孔插座为左零右火上地，如图4-7所示。

2. 三相五线制用颜色黄、绿、红、淡蓝色分别表示U、V、W、N，保护接地线（PE）为黄绿双色。

3. 变压器在运行中，变压器各相电流不应超过额定电流；最大不平衡电流不得超过额定电流的25%。

4. 同一台变压器供电的系统中，不宜混用保护接地和保护接零。

5. 电压互感器二次线圈的额定电压一般为100V。

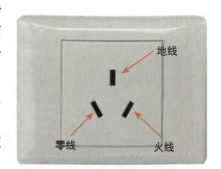

图4-7 插座

⊙ 不同灯具的不同拆卸及更换办法

灯具种类也分很多种，要认识不同灯具，例如：节能灯、白炽灯、家用射灯、LED灯。不同灯具的更换也有所不同。

① LED灯：在进行更换LED吸顶灯的时候，把原来的整流器摘下来，换成新的就可以了。因为整流器和LED灯的灯芯是合为一体的，在底盘上固定好灯芯，这样就可以了。

② 白炽灯：在拆除灯泡的过程中，不要触摸灯泡底端的金属部分，以防发生危险。更换灯泡的时候，用手握住距离灯口最近的部分并进行旋转。

③ 天花板射灯：天花板射灯的后面有弹簧夹子，在拆除的时候，要用手扣住灯罩的两边向下轻轻地拉，这样弹簧会慢慢伸开，手一直按住弹簧，拆卸完成后再松开弹簧，小心受伤。白色方盒中的是驱动器，只要把驱动器和灯用黑色卡子进行连接，把黑色卡子拔下来，然后就可以安装了。

④ 节能吸顶灯灯管：拆卸完灯罩后，用手握住篮圈部分，使劲往下拽，在安装的时候，用力往上插就可以了。

⊙ 对漏电、触电的紧急应对

当灯具拆卸之后，我们无法用肉眼判断供电部位是否通电，应掌握必备的触电急救常识，避免人身造成意外伤害。

劳动教育与实践

● 劳动过程

现在基本上家家户户都用上了吸顶灯，不但节能，而且亮度更高，那么如果吸顶灯坏了，该怎么换，下面介绍一下更换过程。

1a

1b

1　在更换前，需要先把原先坏掉的吸顶灯拆下来，灯罩部分，有些是逆时针旋转拆卸，多见圆形灯罩；有些是有个开关，掰一下就可以，多见方形灯罩。

2

3a

2　现在的吸顶灯一般分为吸铁石和螺丝拧紧两种，选用适当的工具拆卸连接在接线端子的相线和零线。

3b

4

3　拆下旧的吸顶灯后，拿出新的吸顶灯，我们看到，吸顶灯上有一个接线端子，以及吸顶灯的电线。

5

6

4　把新吸顶灯电线插入到接线端子中，按一下再插进去，很容易；有些可能要松一下螺丝再拧紧固定。

5　找个合适的位置，直接通过吸铁石吸附在灯罩底座上。

6　试一下效果，看是否能够亮起，若正常，重新装好灯罩即可。

注意事项

◆ 不用手或导电物（例如铁丝、钉子、别针等金属制品）去接触、探试电源插座内部。
◆ 不用湿手触摸电器，不用湿布擦拭电器。
◆ 更换前务必进行总电源断电。

● **劳动成果**

填写劳动成果展示表（见表 4-5），并提交照片等佐证材料。

表 4-5 劳动成果展示表

序 号	劳动成果名称	劳动成果形式	备 注
1	LED 灯	照片	
2	白炽灯	照片	
3	天花板射灯	照片	
4	节能吸灯	照片	

任务 2　户外安全摄影

金黄的落日、巍巍的雪山、一望无际的大海……大自然之美令人沉醉，每一个目睹了它的人都想用相机把它记录下来，这就是摄影。摄影是一门技术，特别是户外摄影不同于室内拍摄那样有固定的光线、流程化的动作，大自然中，光线是在随时变化的，摄影目标也不是不变的，需要掌握一些技巧才能拍出完美的照片。

现在许多人爱好户外摄影，他们喜欢与大自然接触，并且喜欢把日常生活中稍纵即逝的平凡事物转化为不朽的视觉图，但是我们一定要注意户外摄影的安全问题，在出发前一定要做好如下准备，如图 4-8 所示。

天气
户外活动最受天气影响，在出发前及拍摄当日，均必须留意天气预告以及天气的转变。

穿着
登山摄影宜穿平底鞋，舒适且安全，不宜穿皮鞋和塑料底鞋，以防滑跌；山上夜晚和清晨气温低，请带一件厚外套。

防盗
外出摄影时如遇到人员拥挤时，一定要将自己的照相设备抱在胸前，不要将相机斜跨以防窃贼趁机将镜头取下。拍照时多留意身边情况，提高防盗意识。

急救
常备小型的急救药箱，万一不慎有损伤，可立即消毒、包扎。
避免走入密林或草丛内拍摄，以免被虫或蛇咬伤。

"走路不看景，看景不走路"
——摄影时要注意脚下环境，不要只为拍照不顾安全！

图 4-8　户外安全摄影须知

如果你做好以上几点安全措施，再学会一些摄影知识，加上足够的耐心就可以拍出令人心旷神怡的摄影作品啦！

● 劳动目标

增强户外安全摄影的意识、掌握摄影时光线的使用以及照片构图等拍摄技巧。

● 劳动内容

1. 制订安全性强、时间分配合理的户外摄影计划。
2. 按照计划完成户外拍摄任务。

● 劳动方法

1. 相机的使用方法。
2. 光线的掌握方法。
3. 摄影构图法，如图 4-9 所示。

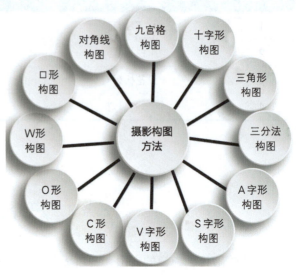

图 4-9　摄影构图法

● 劳动过程

1　首先制订计划，对拍摄地点、人物和拍摄时间进行选择。要充分考虑到拍摄地的客观环境，制订安全性强、可行性强的拍摄计划。

2　就拍摄地点选择器材（手机，照相机）是否使用三脚架防抖。

3　**镜头**　以长焦距镜头为主要拍摄镜头（120 型相机的 250mm 左右镜头，或 135 型相机的 135mm 左右镜头），取其短景深功能。

4　**构图**　摄影构图是指在摄影中通过被摄画面中的点、线、面的组合，将景物更为合理、优美地表现出来。构图时，要先了解一些具体的概念，如前景、背景、主体、陪体、留白等，其中，主体是最重要的原色，其他元素都是为了更好地衬托主体。

5

6

7

8

5 **曝光补偿** 使用数码相机进行拍摄时,特别要重视对"曝光补偿"的运用,确保得到曝光准确的相片。数码相机的测光曝光系统和传统相机一样,在处理图像时,有一个基本准则,就是将所有被摄体都按照18%的中性灰亮度来还原,所以无论对象原来的亮度如何,最后都应以中等亮度的影调展示。一般便携式数码相机都有正负2挡曝光补偿,利用它们可以应付大多数复杂情况下的拍摄需要。

6 **反光板的使用** 反光板作为拍摄中的辅助设备,其常见程度不亚于闪光灯。根据环境需要用好反光板,可以让平淡的画面变得更加饱满、体现出良好的影像光感、质感。同时,利用它适当改变画面中的光线,对于简洁画面成分,突出主体也有很好的作用。

7 **滤镜的使用** 这是一般摄影公司及业余摄影者最常用的拍摄处理方法。即在拍照时,在镜头前加装各种具有特殊效果的滤镜,使得拍摄出来的照片呈现其滤镜应有的影像效果,通常以使主题周遭的影像模糊,或是让影像呈柔焦状、放射状、模糊状等功能的滤镜为常用。

8 **冲印** 冲印时,最好依后加工处理方法加上冲印柔焦处理,全面性地柔化肤质后,即可达到整张照片柔美漂亮的效果。

单元四

⚠ **注意事项**
- ◆ 拍摄时注意镜头是否刮划。
- ◆ 固定好拍摄器材,防止掉落。
- ◆ 如到危险地点进行拍摄,注意安全。

⊙ Tip: 实用小技巧

(1) 使用三脚架

　　拍摄时必须将相机安装在一个三脚架上以防止相机的晃动。尽量将相机靠近被摄物体,并且注意不要引入不必要的阴影。

(2) 调焦轨

虽然它不是拍摄时的必备品，但是调焦轨却是一个很好的辅助装置，可以帮助你拍摄出好的特写镜头。调焦轨能够使相机以非常小的增距沿着 X 和 Y 轴线移动，能够精确地控制相机的位置和画面的景深。如果想用移动三脚支架来达到理想的位置，则是非常麻烦的。

(3) 使用快门线

即使你已经将相机安装到了三脚支架上，但是如果你在按快门的时候不小心，仍然有可能使相机产生晃动，所以为了避免这种情况的发生，建议最好还是使用快门线。

(4) 使用黑色或有色背景

在拍摄时，当被摄物体的背景为黑色时，那么就能够使拍摄出来的图像看起来最清楚。你也可以使用模糊的背景，特别是当被摄物体的色彩很浓的时候。

(5) 在必要的时候使用反光卡

使用一个白色的卡片或是用一张铝箔包在卡片上，将光线反射在被摄物体上，以照亮物体上的阴影部分。需要注意的是不要让这张卡片出现在被拍摄范围内。

(6) 一定要有耐性

有时候，即使是一阵微风也会使拍摄到的特写镜头出现模糊的情景。在这个时候，你就一定要有耐性了，最好是等到风过了之后再进行拍摄。同样地，在户外拍摄时，当天上的云将太阳遮住了，最好是等到太阳出来后再拍摄，这样拍摄出来的照片看起来会比多云时拍摄的照片的色彩更鲜艳、明亮一些。

● 劳动成果

填写劳动成果展示表（见表 4-6），并提交照片等佐证材料。

表 4-6 劳动成果展示表

序号	劳动成果名称	劳动成果形式	备注
1	人物照	照片	
2	雨景	照片	
3	日出或日落	照片	

主题 3　辛勤劳动

概　述

一、辛勤劳动

辛勤劳动是古今中外公认的人生重要美德之一，高尔基说："劳动和科学是世界上最伟大的两种力量"，劳动是人类得以生存、繁衍、发展的原动力。

中华民族是一个勤劳的民族，祖先们用勤劳和智慧，创造了五千年光辉灿烂的文化。今天，那些劳动模范们在平凡的岗位上，用辛勤劳动赢得了荣誉，赢得了尊敬。大学生作为祖国未来的希望，更应该继承他们的光荣传统，用自己智慧的头脑，勤劳的双手，创造祖国美好的明天！

二、生活和学习中的辛勤劳动

《悯农》这首诗家喻户晓，"谁知盘中餐，粒粒皆辛苦"，诗中告诉我们吃的每一粒粮食，都是农民辛勤劳动，挥洒汗水，用勤劳的双手创造出来的，劳动创造了幸福的生活。

这种辛勤劳动的美德在我们生活和学习中时时刻刻都可以得到体现。比如，帮助辛勤劳作的父母种植蔬菜，下课后认真整理教室，做到"整理、整顿、整洁、清扫、素养、安全、节约、学习"的"8S"管理要求等。

将辛勤劳动的美德贯穿于生活和学习的点点滴滴，良好的品德是形成良好性格的基础，也是决定未来竞争力的关键。本主题设置了"种植蔬菜"和"实训室 8S 管理"两个任务，帮助学生养成良好的行为习惯，提升综合素质。

任务 1　种植蔬菜

种植蔬菜是指根据蔬菜作物的生长发育规律和对环境条件的要求，确定合理的栽培制度和管理措施，创造适宜蔬菜作物生长发育的环境，以获得高产优质、品种多样并能均衡供应市场蔬菜产品的过程。

一花一世界，一草一天地，在花草的世界里，处处是令人惊喜的生命力，只要一根小草，就可以让你拥有一抹林间野趣。菜园可以成为家庭园景的完美补充。种植自己的有机蔬菜，

劳动教育与实践

既能确保自己食用的是健康农产品，又能节省在食品杂货店里高价购买有机农产品的开支。但在实际操作过程中，我们要注意种植技巧、挑选秧苗、防护工作、行业分析、特殊种植方法等方面，如图 4-10 所示。

图 4-10　蔬菜种植的注意点

同时，蔬菜种植的技术也是多种多样的，如土壤栽培、无土栽培和反季节栽培等。

● 劳动目标

掌握常见蔬菜的种植、管理、防治病虫害的方法，安全使用相关工具。

● 劳动内容

制订蔬菜种植计划，完成种植和收获。

● 劳动方法

1. 劳动工具使用方法。
2. 种植方法。
3. 管理、防治病虫害的方法。

● 劳动过程

1　准备工作

（1）整理一块不会长期潮湿，排水良好的陆地。为了日后灌溉方便，最好是接近水源或有水管可以到达的地方。

（2）选择适合当时天气的蔬菜种类，例如，在夏天炎热天气中，苋菜及空心菜很适合。

（3）注意所选蔬菜的成长日期、收割时间是否符合需求。

（4）工具：可以挖土或翻土的锄头或铲子，可以拨土的耙子。

2 种子或苗种

（1）通常在专业的种子行购买种子或苗种会较便宜。

（2）如果是在园艺店或卖场所购买的种子，其包装纸上都会有种植时间的指导信息。

3 播种

（1）先将土翻好，让土晒晒太阳。

（2）撒种前将翻好的土整平，并将过大的土块敲碎，使其土块直径约小于5厘米，但也不要太细。注意已经整好的土不要再踩，以保持土壤的疏松、透气。

（3）将种子撒在土壤上，不要太密，以免妨碍植物日后生长。

（4）撒好种子后，用耙子轻轻地将土拨动，让种子可以被土轻轻地覆盖，也可防止麻雀等鸟类啄食种子。

（5）浇水。

4 栽种

（1）有些种类的蔬菜（例如，西洋莴苣、黄秋葵等）必须间隔很大，因此在撒下种子后，幼苗长高至约10厘米时，必须移植到较宽阔的土地上。

（2）也有些种类的蔬菜很难撒种发芽，可以直接购买菜苗回来栽种，例如茄子。

（3）依照播种时的整土方法，将土壤整理好，有些种类的蔬菜则必须先将土整理成隆起状或沟状。

（4）种植时不要太深，以可以覆盖其根部为种植原则。

（5）浇水。

5 灌溉

（1）可用洒水的方式，但不要用很强的水柱冲刷土壤或植株，可接上莲蓬头状的洒水器。此法可以让蔬菜的叶子同时洗去尘垢，也较节省水，但不太持久，所以洒水次数要比淹没法次数多。

（2）也可用淹没的方式，引水将所有土壤淹没后，并立即让水退去。其目的是要让所有土壤充分潮湿。一般种植物较多时可用此法，以确保所有土壤都能同时浇湿。

（3）灌溉间隔时间要视天气与土质而定。在炎热的天气中，若是洒水的方式可以2—3天洒水一次；淹没的方式则5—7天。冬天则分别为5—6天和7—10天。

单元四

劳动教育与实践

6

7

8a

8b

9

6 施肥
(1)可以施用化学肥及有机肥。
(2)施用化学肥较便宜,效果短,迅速见效,但容易因为施用过量而造成植株受伤。施用时尤其不能让肥料黏附在叶面上,否则极容易造成叶面受伤。
(3)施用有机肥效果长,也较不会造成植株受伤。可以在种植前翻土时,将有机肥料混在土壤中。
(4)也可利用自制的堆肥混入土壤中,既经济又可以改善土质。

7 除草
(1)在蔬菜园里很容易滋生杂草,要将杂草拔除,才不会和蔬菜争夺养分。
(2)拔除杂草时,要注意有些杂草已经长出种子且已成熟,尽可能不要让这些种子又掉落在菜园中,而且也不要把这些有种子的杂草拿来制作堆肥。

8 病虫害
(1)种植时,要慎选蔬菜种类及时机才能减少喷药。
(2)9—10月种鹅菜、芥菜,此时天气因素非常良好,不需要喷药。
(3)12—2月,牙虫、毛毛虫多,尤其是白菜、芥菜、青江菜、包心菜等不宜在此期间种植。
(4)有些蔬菜天生就不容易遭受虫害,像鹅菜、莴苣、空心菜等有白色乳汁的菜类。
(5)通常在清晨很容易就可以看到毛毛虫正在啃食蔬菜,若有足够的时间,而且数量不多,可以直接手工将毛毛虫抓起来。
(6)若情况要求一定要用农药,最好到农药行问清楚用量及使用方法,并注意喷药时的措施及喷药后的安全期。
(7)并非每一种病虫害都是毛毛虫所引起,有些是病菌所引起,若有这类的情形,可以摘取受虫害的叶子到专业的农药行询问,并要将拔除的有病植株隔离,不要用来堆肥。

9 收割
(1)一般蔬菜收割时是用刀子从根和叶之间切除,不能离根太远,否则会造成叶子脱落,但也不要保留根部太多。
(2)收割之后,要将留在土里的根部拔除,并将土壤翻松,让太阳照射几日,有利于下一次播种。
(3)有些蔬菜可以收割多次,例如,番薯叶、龙须菜、黑迪仔、九层塔,此类植物需要注意,忌一次收割之后就将其连根拔除。

注意事项

- 购买蔬菜种子时,应当选择当月可适种的蔬菜,即不能完全按自己的意愿来决定种子的购买。如果不懂,可咨询卖方。
- 播种前,应将种子用温水浸泡 4~5 小时。浸泡的种子可采用碗或一次性杯子等容器,按一种种子一个容器分配,避免混乱。
- 土壤最好选择花卉或蔬菜营养土,并配以有机肥混合。这样可避免蔬菜长虫生蚊。然后选择容器填 3/4 土壤,留下一小部分细小营养土以备覆盖在蔬菜种子上。
- 撒播种子时,注意间隙应按蔬菜种类决定,例如,芽苗菜可密一点,而根茎菜可松一些。
- 播完种子后,在上面撒 1~2 厘米的细土。

● 劳动成果

填写劳动成果展示表(见表 4-7),并提交照片等佐证材料。

表 4-7 劳动成果展示表

序 号	劳动成果名称	劳动成果形式	备 注
1	种植成果 1	照片	
2	种植成果 2	照片	

 任务 2 实训室 8S 管理

图 4-11 实训室 8S 管理要求

● 劳动目标

按照实训室 8S 管理要求(见图 4-11)开展实训。

● 劳动内容

掌握 8S 管理内容,明确 8S 管理目的,按照 8S 管理实施要求,以小组为单位开展实训。

● 劳动方法

8S 管理是一种管理模式。8S 即整理(SEIRI)、整顿(SEITON)、清扫(SEISO)、清洁（SEIKETSU）、素养（SHITSUKE）、安全（SAFETY）、节约（SAVE）、学习（STUDY）。8S管理已被广泛应用于大学实训室管理，具体内容及目的见表4-8。

表4-8 实训室8S管理内容及目的

8S管理项目	8S管理内容	8S管理目的	8S实施要求
整理 SEIRI 要与不要 一留一弃	区分要用和不要用的物品，将不要用的清除掉	实训场所规范有序，行道畅通，改变混乱状态，拓展实训空间，营造清爽、和谐、宽敞的实训场所，便于实训场所灵活运用	1.对实训室全面检查，包括看得到和看不到的 2.制订"要"和"不要"的判别基准 3.将不要的物品清除出工作场所，要有决心 4.对需要的物品调查使用频度，决定日常用量及放置位置 5.制订废弃物处理方法 6.每日自我检查
整顿 SEITION 科学布局 取用快捷	要用的物品依规定定位、定量摆放整齐，明确标示	实训场所一目了然，创设整齐划一的实训环境，节省物品寻找时间，尽快进入有效工作状态	1.前一步骤整理的工作要落实 2.流程布置，确定放置场所，明确数量 3.规定放置方法 4.划线定位 5.场所、物品标识明确
清扫 SEISO 清除垃圾 美化环境	清除实训室内的脏污，并防止污染发生	保持实训室干净明亮	1.建立清扫责任区（工作区内外） 2.执行例行扫除，清理脏污，形成责任与制度 3.调查污染源，予以杜绝或隔离 4.建立清扫基准，并作为规范执行
清洁 SEIKETSU 清净环境 贯彻到底	将整理、整顿、清扫进行到底，并且制度化，经常保持环境处在美观的状态	维持"整理、整顿、清扫"成果	1.前面3S工作实施彻底 2.定期检查，实行奖惩制度，加强执行 3.管理人员经常带头巡查，以表重视

(续)

8S 管理项目	8S 管理内容	8S 管理目的	8S 实施要求
素养 形成制度 养成习惯	养成良好习惯，并遵守规则做事，培养积极主动的精神（也称习惯性）	培养师生的良好习惯，遵守规则，养成工作认真严谨的习惯	1. 培训共同遵守的有关规则、规定 2. 新教师及新生强化教育与实践
安全 SAFETY 防微杜渐 警钟长鸣	重视师生安全教育，每时每刻都有安全第一的观念，防患于未然	建立安全生产的实训环境，所有实训工作必须在保障安全的条件下进行	1. 落实安全工作 2. 时查时防，专人负责 3. 清除隐患，安全生产实践
节约 SAVE 节约为荣 浪费为耻	减少人力、成本、空间、时间、库存、物料消耗等因素	养成降低成本的习惯，加强师生减少浪费意识教育	1. 用以校为家的心态对待学校的实训资源 2. 能用的东西尽可能利用 3. 切勿随意丢弃物品，丢弃前要思考其剩余的使用价值 4. 减少动作浪费，提高作业效率 5. 加强时间管理意识
学习 STUDY 学习长处 提升素质	深入学习各项专业技术知识，从实践和书本中获取知识，不断向同学及教师学习	使师生知识技能得到持续改善	1. 学习各种新的技能技巧，不断满足个人学习发展要求 2. 互补知识面与技术面的薄弱，互补能力的缺陷，提升整体竞争力与应变能力

劳动过程

1. 学习设备使用与维护

学生以小组为单位，在教师指导下，熟悉实训设备的技术性能及工作原理，掌握实训设备操作规程（见图4-12）的相关要求。

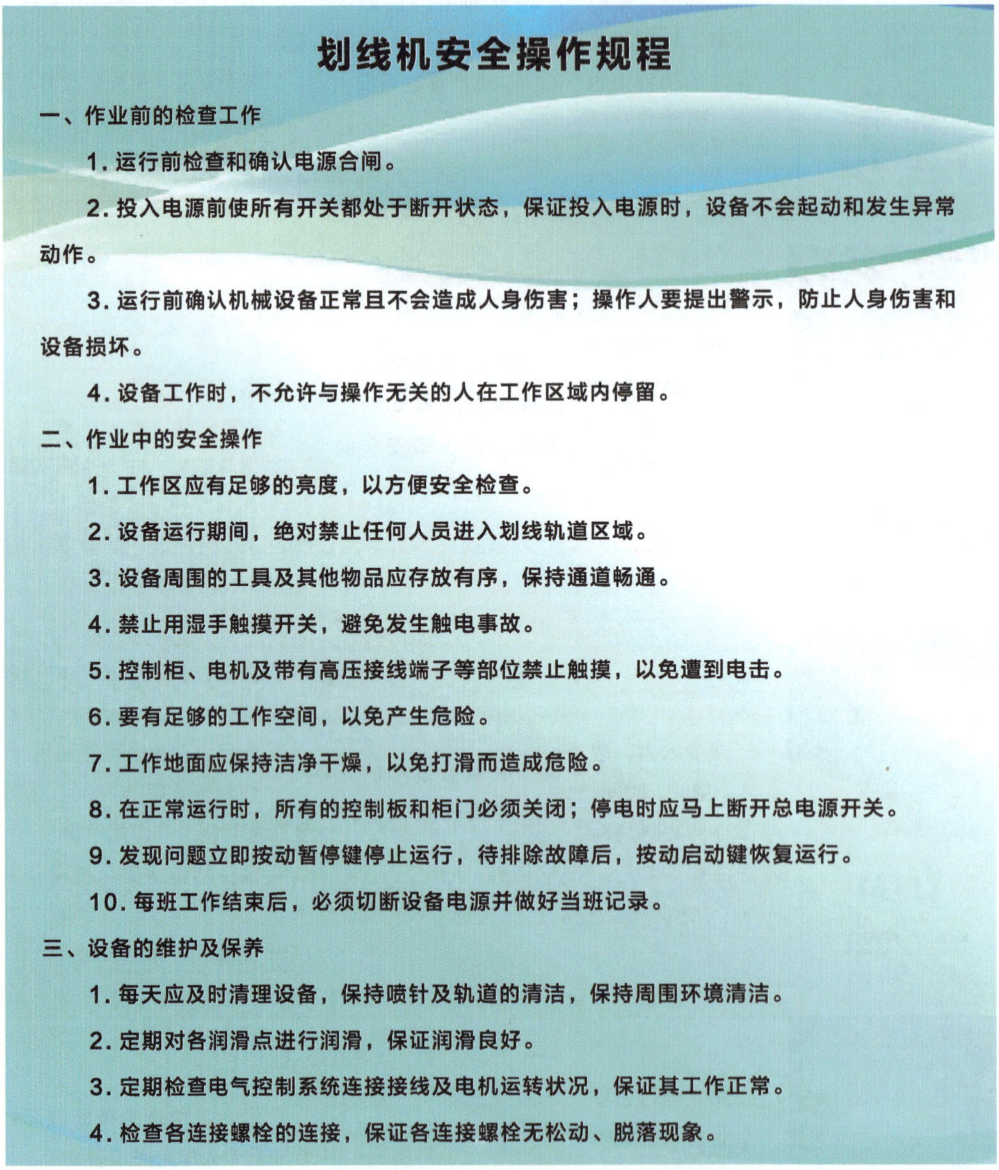

划线机安全操作规程

一、作业前的检查工作

1. 运行前检查和确认电源合闸。
2. 投入电源前使所有开关都处于断开状态，保证投入电源时，设备不会起动和发生异常动作。
3. 运行前确认机械设备正常且不会造成人身伤害；操作人要提出警示，防止人身伤害和设备损坏。
4. 设备工作时，不允许与操作无关的人在工作区域内停留。

二、作业中的安全操作

1. 工作区应有足够的亮度，以方便安全检查。
2. 设备运行期间，绝对禁止任何人员进入划线轨道区域。
3. 设备周围的工具及其他物品应存放有序，保持通道畅通。
4. 禁止用湿手触摸开关，避免发生触电事故。
5. 控制柜、电机及带有高压接线端子等部位禁止触摸，以免遭到电击。
6. 要有足够的工作空间，以免产生危险。
7. 工作地面应保持洁净干燥，以免打滑而造成危险。
8. 在正常运行时，所有的控制板和柜门必须关闭；停电时应马上断开总电源开关。
9. 发现问题立即按动暂停键停止运行，待排除故障后，按动启动键恢复运行。
10. 每班工作结束后，必须切断设备电源并做好当班记录。

三、设备的维护及保养

1. 每天应及时清理设备，保持喷针及轨道的清洁，保持周围环境清洁。
2. 定期对各润滑点进行润滑，保证润滑良好。
3. 定期检查电气控制系统连接接线及电机运转状况，保证其工作正常。
4. 检查各连接螺栓的连接，保证各连接螺栓无松动、脱落现象。

图4-12 设备操作规程

2. 做好安全准备

按照实训要求佩戴劳保用品，着装须满足劳保用品佩戴要求（见图4-13），要对设备运行过程中产生的意外情况做好预防及应急预案，如发现设备存在安全隐患或其他问题，要及时记录和报修。

图 4-13 劳保用品佩戴要求

3. 进行设备操作

在教师及师傅的指导及同学的互相帮助下，合理合规正确地操作设备（见图 4-14），遵守设备操作规则，尽量避免重复动作及错误操作，从而节约耗材及时间。设备使用后，按要求对设备进行简单的维护。

4. 整理整顿实训设备

将实训物品进行整理，不得随意丢弃。有用物品按规定分类放置，无用物品需在教师确认后，按实训室废弃物处理方法进行处理。设备使用及清理结束后，将实训设备按照各实训室规定的放置方法进行整理整顿（见图 4-15），清点设备数量按标识放置在指定位置。

图 4-14 正确操作设备

图 4-15 实训设备的整理整顿

5. 清扫实训室

教师将实训室卫生责任区划分到组，各组员按照各实训室的清扫规范精细擦拭实验台、桌椅、黑板、工具箱、置物架等，清扫拖洗地面，倾倒垃圾，以达到清扫标准，如图 4-16 所示。

6. 清洁实训室

教师安排各组轮流，定期对实训室进行清扫、整理及通风，以保持实训室内的环境卫生，做到设备摆放整齐，门窗玻璃无破损、无灰尘，地面无积水、无垃圾（见图 4-17）。

图 4-16 实训室清扫标准示意图

图 4-17 保持实训室的清洁

7. 填写实训室日志

按照 8S 要求，填写实训设备使用维护及整理整顿情况、耗材使用数量、实训室清扫清洁情况、学习内容、职业素养等方面内容，做到如实记载，填表说明如图 4-18 所示，实训室日志见表 4-9。

填表说明：
1. 每次使用仪器设备的学生填写实训室日志。
2. 使用时间填写样例：第 18 周 12 月 3 日周五 1~2 节。
3. 使用类型、8S 实施记录对应项目打"√"。
4. 情况描述，如无问题，填写"正常"，如存在问题，简要描述，方便整改与维修。
5. 教师填写教师评价，评价分 5 个等级。
   A：优秀 B：良好 C：合格 D：不合格

图 4-18 填表说明

表 4-9 实训室日志

课程名称及项目内容	专业班级（小组人数）	学生姓名	使用时间	使用类型					8S 实施记录								情况描述	教师评价			指导教师签字
				课程实验	实习实训	卓越技师	技能竞赛	其他活动	整理	整顿	清扫	清洁	素养	安全	学习	节约		设备使用	学习过程	8S 实施	

注意事项　学习设备使用与维护时，需将存在的疑问全部解决之后，着装规范，严格遵守设备操作规程，方可进行设备操作。整理整顿设备时需注意安全，按照设备初始位置、初始状态进行复位，清洁清扫实训室后要对照标准检查，填写实训日志需规范详细。

● 劳动成果

该任务的劳动成果包含实训室日志及实训室照片，请填写劳动成果展示表，见表 4-10。

表 4-10 劳动成果展示表

序号	劳动成果名称	劳动成果形式	备注
1	实训室日志	文档	团队成果
2	实训设备使用及清理	照片	团队成果

主题 4　协作劳动

概　述

一、协作劳动的含义

协作是指在目标实施过程中，部门与部门之间、个人与个人之间的协调与配合。而协作劳动是鉴于多人在同一生产过程中，或在不同但互相联系的生产过程中，有计划地进行协同劳动。

协作的优点是可以充分有效地利用组织资源，扩大企业经营空间范围，缩短产品的生产时间，便于集中力量在短时间内完成个人难以完成的任务。协作能创造出一种比单个战略业务单元收益简单加总更大的收益，即实现协同效应。

二、协作劳动的基本形式和要求

协作劳动的基本形式主要分为左右协作、前后协作和上下协作三种。协作劳动的基本形式和具体要求见表4-11。

表4-11　协作劳动的基本形式和具体要求

序号	协作的基本形式	具体要求
1	左右协作	指同一工序或生产过程的各个劳动者的协作，要求劳动者严守岗位，按时完成操作活动，互相配合，互相支援
2	前后协作	指上道工序和下道工序的劳动者的协作，要求劳动者按时完成任务，互相创造有利的工作条件，特别是上道工序要为下道工序着想，下道工序要体谅上道工序的困难
3	上下协作	指在一天24小时内担任不同班次的劳动者之间的协作，要求衔接和通气，上一班要向下一班交代生产情况和注意事项，严格实行交接班制度

左右、前后、上下三种劳动者之间的协作，归结到一起，就是各负其责地、互相配合地共同完成生产任务，保证生产连续地、有节奏地进行。

三、以高炉生产为例讲解协作劳动

以高炉生产为例，领导岗位有正、副工长。操作岗位主要是三部分。第一部分是进料工，这部分工人共同完成投石等工作。第二部分是鼓风工（包括热风炉工等），主要负责进空气。第三部分是炉前工，负责出铁和出渣。

如图 4-19 所示，每一部分的工人各自完成他们内部的工作，这时的协作就是左右协作。而原料工人、鼓风工人和炉前工人之间的协作就是前后协作。在这里，对于原料工人，如果改进精料管理，加强原料的分析化验和成分预报工作，使高炉操作工人（主要是炉前工人、鼓风工等）及时掌握原料成分的变化，就可以使他们更有把握地控制炉温，从而保证生铁的品种和质量。而对于鼓风工人，若能严格操作，使炉况稳定，改善造渣制度，控制渣碱度，使渣铁流动性得到改善，便可以大大地减轻炉前工人的劳动强度。最后对于炉前工人，做好出渣、出铁工作，也才能保证炉内工人（主要是原料工人、鼓风工等）的正常操作。

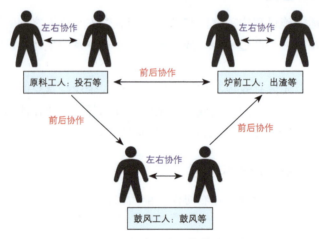

图 4-19 高炉生产中协作劳动示意图

另外，在高炉上连续交错地进行生产的甲、乙、丙班工人之间的协作，是三班协作即为上下协作。

本主题设计了"小组协作植树"和"公司年会的策划和组织"两个任务，以训练和培养学生相互协作、相互支援的劳动品质。

 **小组协作植树**

● **劳动目标**

协作完成植树任务，发挥主人翁和团队合作精神；对协作完成劳动任务有更加切身的实践体会；对严守岗位、严于律己、各司其职、相互支援、善于为他人着想等劳动品质有更加深刻的理解；懂得遇到挫折时要相互体谅、相互帮助，成为团队中的优秀成员。

● 劳动内容

将植树任务进行小组协作式分解，准备好铁锹、水桶、木棍、树苗等材料，共同完成挖树坑、解草绳、打水、树苗入坑、一次培土、提苗、围堰、浇透水、二次培土、给树上支架等协作式劳动。

● 劳动方法

本任务主要涉及的劳动技巧有：
1. 挖坑技巧；2. 树苗入坑技巧；3. 培土技巧；4. 浇水技巧；5. 铺围技巧。

1 **挖坑技巧** 植树时，小组要根据树苗的大小，确定坑的大小，确保树的根部能被坑容下。挖坑工具用铁锹即可，尽可能选择土壤厚的地方，然后控制好坑的距离，以1.5米左右的距离为宜，不要过密，防止树苗长大后阳光不充足。

2 **树苗入坑技巧** 要将树苗放置在坑的中部，尽量保证树干垂直，确保树干深入土中的深度和它的苗圃一样。放树苗的时候一定要注意保护好树根，不要让树根折断。

3 **培土技巧** 要用铁锹将土均匀地从树苗四周逐步填上，填过坑的一般高度。最后一定要用脚踩一踩。

4 **浇水技巧** 在填土一半位置的时候，需要给树苗浇水，将所填土浇透。不要浇水过多，否则容易使树倾斜。

5 **铺围技巧** 要将有树苗的坑土填满，最好在树周围铺上一层树叶或草之类的覆盖物，这样可以减少水分蒸发。

劳动教育与实践

● **劳动过程**

挖树坑、解草绳、打水 >>>

小组成员分头完成挖树坑、解草绳、打水任务。该步骤属于左右协作，每人负责一种固定的活动。要求严守岗位，相互支援。

树苗入坑、一次培土、提苗、围堰 >>>

这一步骤中，小组成员之间有前后协作和左右协作。这就要求小组成员严格要求自己，按时完成任务，互相创造有利的工作条件，保证劳动质量。

1. **挖树坑** 坑挖多深，挖多大，主要由树苗本身的大小决定。一般而言，小规格苗木，挖深度40厘米、直径60厘米的坑即可；大规格苗木，要求坑深60厘米，直径80厘米。树坑最好挖成上下垂直的圆柱形，千万别挖成上大下小的锥形或者锅底形，否则踩实土壤时会使根系劈裂、蜷曲或上翘，造成不舒展的后果，从而影响树木的生长。

2. **解草绳** 解草绳就是给树苗"松绑"。为保证运输途中的水分、养分供应，每棵树苗的根部都带着一个大大的土坨。土坨四周通常绑着密密匝匝的草绳，以防止土壤散落。种树之前，要先把草绳解开，因为树的根系就像人的血管一样，只有舒展开来才能发挥更大的功效。

3. **打水** 打水需要的是力气和平稳性。如果您拎了两桶水，那就要尽量保持平稳，才能让水尽量不洒出来。

1. **树苗入坑** 把"松绑"的树苗轻轻放到坑里。注意，树苗入坑后，目测一下，看露在土坨上的根茎部分，是不是和坑面大致平行。如果树的根茎远远低于坑面，说明坑挖深了，需要回填一部分土，并踩实，否则坑太深容易把苗闷死；反之，若根茎部分远远高于坑面，说明坑挖浅了，还要往下再挖一点儿。

2. **一次培土和提苗** 一次培土所用的土就是挖坑时刨出来的底土，比较肥沃。土壤要填到与坑面齐平为止，然后踩实。

对于规格比较小的苗木，一次培土后，要把树苗轻轻往上提一下。上提后，原先窝曲的树苗根系就会舒展开，有利于树苗的生长。另外，上提的动作还可以帮助我们判断树苗是否栽实，如果树苗没被栽实，就会被拔起。

3　**围堰**　围堰就是用铁锹沿着坑的外沿围一圈小土坝，内径大约1米，高大约15厘米。这是为浇水做准备，防止水流溢出去。

浇透水、二次培土、给树上支架 >>>

这一步骤中，小组成员之间也是有前后协作和左右协作。

1　**浇透水**　浇透水至关重要，因为树从苗圃移出来后伤了很多毛根，对水分的吸收能力很差，只有浇充足的水分才能保证它成活。至于浇多少水才算浇透了，这没有定规。一般土壤下渗快的，要多浇一点；下渗慢的，可以少浇，浇到水不往外溢就行。另外，浇水时不要"呼啦"一下全倒进去，动作要缓一点，让水慢慢往下渗。

2　**二次培土**　浇透水后，树坑里的土会往下陷，把挖坑剩下的土培到下陷的树坑里，踩实。填好的土要与原根茎相平或略高3~5厘米。最后，再把挖坑时的表土，薄薄一层撒到树坑表面即可。

3　**给树上支架**　刚种好的树，根系不牢，很容易被风吹倒。对于比较粗的苗木，可以用4根支架对树干进行支撑、固定。如果是比较纤细的小规格苗木，彼此间可以用草绳相连，以增强抗风能力。

劳动成果

请填写劳动成果展示表（见表 4-12）。

表 4-12 劳动成果展示表

劳动成果名称	劳动成果形式	备 注
团队植树	植树成果图片、视频等	团队成果

任务 2　公司年会的策划和组织

劳动目标

通过公司年会活动内容和流程的确定，以及活动预算的安排和各项任务的分工协作，增进成员之间的凝聚力，使团队成员学会各司其职、相互配合、有效沟通。

劳动内容

总的来说，就是要通过小组协作完成公司年会的策划和组织。活动前，通过小组讨论，要将公司年会的基本内容和流程确定下来，并通过小组分工，将各组需要完成的任务、时间等情况进行安排布置。活动中，各小组成员需要通力协作，相互配合，有条不紊地完成活动前对各项工作的安排。活动后，要进行照片保存、视频制作、总结等工作。

劳动方法

本任务主要涉及的劳动方法：

1. 活动经费预算。
2. 会场布置。
3. 节目组织。

1. 活动经费预算方法（见图 4-20）

活动经费的预算主要包括以下几个步骤：

1）提前做好大概预算（粗预算），以便策划时可以控制成本。

2）提前沟通场地、专业人员和其他各项费用。

3）根据活动过程，完成详细的物料表。

4）完成详细预算表。

2. 会场布置（见图 4-21）

会场布置主要包括以下几个方面。

图 4-20　活动经费预算方法示意图

1）会场环境：包括设计、联系制作年会舞台背景墙、横幅、签名板、开场 PPT；采购或租赁鲜花或花篮；打印和分发各种材料等。

2）影像资料：包括安排现场摄影、DV 摄像等。

3）会场音乐：包括搜集年会期间除节目音乐外的音乐等。

图 4-21　会场布置内容示意图

4）会场设备：包括与酒店工作人员配合调试功放、灯光、音响、话筒、投影、电脑，试播年会现场所有节目伴奏带及颁奖音乐和进场 PPT 等。

5）会场安全：包括检查会场消防、电源、设备等。

3. 节目组织（见图 4-22）

节目组织主要包括以下几个方面。

1）确定节目类型：包括唱歌、舞蹈、小品、话剧、魔术、乐器演奏、戏曲、相声和时装秀等。

2）确定标准：确定节目规则和质量评价标准。

3）彩排工作：包括节目排练、设计、筛选；节目的编排和演出的顺序及流程衔接。

4）道具服装：包括联系租用或购买节目服装、道具；主持人、演员化妆等。

5）现场活动：设置小游戏、抽奖；安排文艺节目评委并设置奖项；确定颁奖人员。

图 4-22　节目组织工作示意图

劳动过程

年会策划组织流程如图 4-23 所示。第一步，要根据经费的粗预算编写策划书，并进行详细的经费预算。第二步，所有工作人员要进行小组分工，分别完成文案起草、审核，会场布置，节目组织和彩排工作。第三步，年会当天，小组成员要根据分工完成会场迎宾和后勤保障工作。

1. 编写策划书，确定年会活动内容和流程

总负责人要结合公司类型、参与人数、公司效益、活动经费、年会性质、员工水平等进行活动策划，确定主题、场所、规模、内容和流程等。

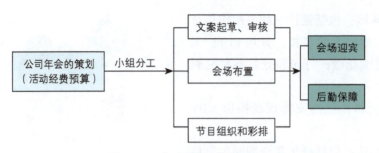

图 4-23　年会策划组织流程图

2. 预算活动经费

活动经费预算的内容主要包括：①聚餐费用，即宴会厅租赁、宴席菜金、酒水、饮料等费用；②会务费用，包括年会横幅、优秀员工荣誉证书、邀请函、道具租赁制作费用等；③奖品费用，包括优秀员工奖品、幸运抽奖、游戏互动奖等；④其他相关费用，包括主持人、摄像录像、刻录光盘、干果水果等（见表 4-13）。

表 4-13　年会活动经费预算表

单位：元

	预算项目	单价	数量	金额	备注
聚餐	宴会厅租赁	3000	半天	3000	
	宴席菜金	768	20 桌	15360	
	饮料（2.5L 汇源果汁）	13	25 瓶	325	
	小计			18685	
会务	年会横幅	216	1 条	216	
	优秀员工荣誉证书	6	18 份	108	
	邀请函	10	20 个	200	
	工作证	1	20 个	20	
	抽奖卷纸张	25	1 包	25	
	拉花	10	2 包	20	
	气球	10	2 包	20	
	桌签纸	1	25 个	25	
	小计			634	
奖品	优秀员工奖品	399	13 份	5187	平板电脑
	文艺节目表演参与奖	10	150 份	1500	羊年吉祥公仔
	幸运抽奖一等奖	299	1 份	299	家用吸尘器
	幸运抽奖二等奖	260	3 份	780	空气净化器（精品）
	幸运抽奖三等奖	105	5 份	525	车枕四件套（精品）
	游戏互动一等奖	60	1 份	60	车衣（精品）
	游戏互动一等奖	56	2 份	112	风王吸尘器（精品）
	游戏互动二等奖	29	6 份	174	整理箱
	游戏互动三等奖	16	9 份	144	钥匙包（精品）
	游戏互动奖品	2	100 份	200	小蜘蛛防滑垫（精品）
	小计			8981	

（续）

	预算项目	单价	数量	金额	备注
晚会	主持人			800	
	摄像、照相			500	
	刻录光盘	10	70份	700	
	干果（瓜子、花生、葡萄干）			300	
	水果（小橘子、小西红柿）			200	
小计				2500	
合计				30800	

3. 小组任务分工

将各项工作落实给每个小组，包括文案起草、审核；会场布置；节目组织、彩排；会场迎宾和后勤保障等。每个小组还要进行组内分工。

4. 各项文案起草、审核方法

通过网络学习并进行主持人形象设计；串词、祝酒词、总经理讲话稿起草、审核等。

例：

祝酒词

尊敬的各位领导、各位来宾、朋友们：

今天我们欢聚一堂，共叙友情，共享和谐太平，共迎新春佳节，共谋美好明天。值此新春到来之际，我谨代表董事会，向全体努力进取和勤奋工作的同仁，向关心和支持我们工作的员工亲属们致以深深的谢意！祝大家在新的一年里和气致祥、身体健康、家庭幸福，万事如意！

5. 年会节目组织和彩排

（1）对舞台工作人员的基本要求

舞台工作人员的分工一定要明确，要做到责任落实到具体的人。同时要熟悉整个演出场地的情况，包括演员走位等。

（2）对演出工作人员的基本要求

演出前，在年会的演出现场，负责演出的工作人员要聚集在一起，由舞台监督宣布演出的具体时间、节目的顺序、上下台方向、服装和妆容要求等，并介绍舞台工作人员和舞台的具体情况。演出工作人员要认真聆听，主动配合。

（3）彩排走台的组织要求

舞台搭建好后，要组织所有节目进行彩排走台，进行一场预演，以便演员们熟悉位置和适应整个演出的环境，同时舞台工作人员也可以检查一下接口的衔接、灯光布景、司幕、扩音等环节配合协调的情况等，这样的预演可以使演出中可能出现的问题提前得到解决。

（4）舞台保障要求

灯光保障、音响保障、大屏保障、道具保障、催场保障等系列舞台保障工作都要落实到位，确保其发挥该有的功能作用。

6. 会场迎宾

迎宾人员在年会进场入口迎接嘉宾和参会人员,引导他们签字、领取礼品和入座;同时还要完成燃放年会礼炮等工作。

迎宾人员站立方法:

1)女迎宾员站姿脚为"丁"字形或"V"字形,左脚脚跟靠右脚脚心处,两脚之间呈35~45度为宜,双手自然下垂在腹部,右手放于左手上面。

2)男迎宾员站姿为双脚与肩同宽,双腿绷直,双手背后右手放于左手后面或自然叠放腹前。

7. 后勤保障

后勤保障人员要完成活动礼品、奖品、纪念品、食品及其他年会物品的购买、准备、保管和发放。同时与酒店工作人员进行沟通、协调。

● 劳动成果

请填写劳动成果展示表(见表4-14)。

表4-14 劳动成果展示表

序　号	劳动成果名称	劳动成果形式	备　　注
1	年会策划案	方案	团队成果
2	活动经费预算清单	清单	团队成果
3	组织年会工作的现场图片	图片	团队成果

主题 5 诚实劳动

概 述

一、诚实劳动的含义

诚实劳动,是指劳动者以积极、实干、诚信的态度为他人和社会提供产品服务。基本要求是合法合理劳动,表现为劳动者在不违背法律法规的前提下从事道德的劳作,具有至真性、共享性、至善性等特点。每个劳动者都要秉持诚实劳动的信念,尊重劳动规律,不急功近利;客观对待劳动成果,不虚报浮夸,不贪婪,不以次充好,不造假售假,不欺世盗名,以光明磊落、心底无私的心态,展现于世人面前,赢得公众的认可和信任。

关于诚实劳动,习近平总书记有两段重要论述:"人世间的美好梦想,只有通过诚实劳动才能实现;发展中的各种难题,只有通过诚实劳动才能破解;生命里的一切辉煌,只有通过诚实劳动才能铸就。""我们要在全社会大力弘扬劳动精神,提倡通过诚实劳动来实现人生的梦想、改变自己的命运,反对一切不劳而获、投机取巧、贪图享乐的思想。"

二、诚实劳动案例:"信义"招牌成就非凡人生

在山东省泰安市宁阳县鹤山镇,有这样一对常年和粮食打交道的"信义"兄弟:30多年间,群众自愿把粮食卖给他们,只因他们从不"短斤少两";合作伙伴愿意和他们做生意,只因他们总是"一诺千金";就连出场车祸,肇事司机也能和他们由冤家变亲戚,只因他们重情重义。他们用30多年的坚守,铸成了"信义"的金字招牌。他们就是金麦香面粉厂老板王长义、王长信兄弟。

1983年王长信退伍返乡后,和大哥王长义一块做起了贩粮生意。当时,"粮贩子"坑农现象时有发生,农民对上门收购的粮贩极不信任,却争着把粮卖给他们兄弟二人。"老王宁可自己亏点儿,也不会给俺少一两,价格上还比别人贵一分,秤杆子实诚",山后村村民张秀良说。"最初,每天收购1000斤,后来能达到1.5吨",王长信翻看着有些泛黄的记账本。

做事先做人,做人讲诚德。1998年的一天,王长信到泰安芝田面粉厂送粮,会计将一摞5000块钱现金当3000块给了他。拿着多出的2000块钱,王长信却吃不下饭,"咱做的是良心买卖,不能赚这昧心钱!"疲惫的王长信又开车返回一百多里外的工厂。接过送回的钱,会计感激地说,"多亏您把这钱送了回来,否则得扣我的工资啊!"在近20年收粮、送粮过程中,类似的情况不下10次,但每次王长信的第一反应就是"送回去"。

随着兄弟俩做的一件件实诚事被口口相传,越来越多的人也愿意跟他们做生意。即使

是遭遇赖账，可老王说"当初承诺面粉保质保换，就得守信，不能砸招牌！"，兄弟二人还是揽下了责任。

几十年来的点滴坚守，让"诚信"二字在"信义兄弟"身上绽放出耀眼光芒。他们也先后获得"中国好人"、全国道德模范提名奖、首届全国文明家庭等荣誉称号。企业也发展越来越好，被评为山东省"守合同重信用"企业。

本主题设计了"学习诚信网络销售"和"诚实维修——以小家电'电热水壶'维修为例"两个任务，以使学生深刻体会诚实劳动的真谛，养成踏实肯干、崇德重誉的良好品质。

任务1　学习诚信网络销售

● 劳动目标

对网络销售活动的基本流程和方法有比较清晰的认识；学会与客户进行有效沟通，与工作伙伴进行高效协作；理解网络销售中诚信的重要意义。

● 劳动内容

了解学习网络销售活动的内容、方法、技巧，理解网络销售的特点。以某一类（一种）商品的买卖为例，学习诚信网络销售的过程，并进行汇报讲解。

● 劳动方法

本任务主要涉及的劳动方法：
1. 获得客户信任
2. 使客户能够联系到你
3. 与客户有效沟通

⊙ 如何才能得到客户信任？

1）人与人之间打交道首先看重的是态度。在网络销售的过程中我们要诚恳地向客户介绍产品的真实情况，让对方感受到我们的热情和可信赖。

2）网络销售中可以利用旺铺展示公司、企业或个人店铺实力。公布一些产品的生产过程、日常工作、发货、仓库的场面照片等，如图4-24所示。

3）店铺的产品发布、图片显示、商品信息展示等要更加专业化。图片一定要真实清晰（必要时进行标注），同时要加入详细的文字介绍，使客户能全方位了解产品的特点。

图4-24　XX公司XX产品仓库

⊙ 如何使客户时时能够联系到你？

1）可以利用手机的阿里旺旺功能（移动版诚信通）（见图 4-25），保持时时在线。

2）可以不断学习，不断更新知识，不断创新。多利用"网销宝""人脉通"等新开发软件的功能。

⊙ 如何与客户进行有效沟通？

1）预先了解客户会问什么，自己充分准备一些回复。

2）沟通中要不厌其烦，给顾客的解释要清楚、简洁、明了。

3）声音和文字要谦逊有礼，同时要自信满满。

图 4-25　手机阿里旺旺卖家版首页

● 劳动过程

网络销售基本流程如图 4-26 所示，包括创建网站或淘宝店铺等；装修店铺并发布产品信息；网上销售；发货；如果客户满意，则销售完毕；如果客户退换货，则要完成退换货流程。

1. 创建淘宝店铺（所有个人信息要求真实、准确）

选定某种主营产品，学习创建淘宝店铺或销售网站。

1）在淘宝网免费注册一个账号（见图 4-27）。

2）单击右上角的"开店"按钮，按照向导完成免费开店（见图 4-28）。

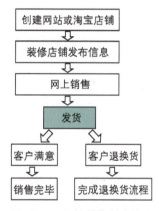

图 4-26　网络销售基本流程

图 4-27　免费注册账号

图 4-28　免费开店

3）单击"我的支付宝"，申请支付宝账号（见图 4-29）。

4）单击"我的设置"，申请旺旺号（见图 4-30）。

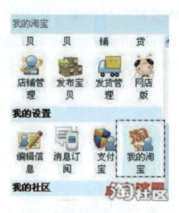

申请支付宝账号　　　　　　　　　　申请旺旺号

图 4-29　申请支付宝账号　　　　　图 4-30　申请旺旺号

2. 店面装修

1）单击"店铺管理"中的"店铺装修"（见图 4-31）。

图 4-31　"店铺管理"下的"店铺装修"

2）单击"PC 端"进行装修。如果使用手机操作，就单击手机端（见图 4-32）。

图 4-32　单击 PC 端

3）单击右上角的"编辑"按钮（见图 4-33）。

图 4-33　单击"编辑"按钮

4）选择"自定义招牌"，上传图片，也可以选择"默认招牌"，上传图片（见图4-34）。

图4-34 选择"自定义招牌"

5）单击"图片空间"，再在新页面中单击"上传图片"（见图4-35）。

图4-35 上传图片

6）复制图片地址，并且粘贴。上传的图片要注意清晰度、大小、设计、布局等（见图4-36）。

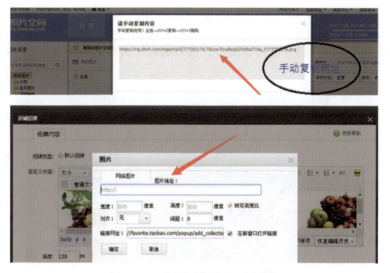

图4-36 复制图片地址，并粘贴

3. 发布产品流程

1）登录淘宝网，进入"卖家中心"（见图4-37）。

2）在"宝贝管理"中单击"发布宝贝"（见图4-38）。

图 4-37 进入"卖家中心"

图 4-38 发布宝贝

3）给宝贝选择分类。类目选择要清楚，这将有利于买家的搜索（见图 4-39）。

图 4-39 给宝贝选择分类

4）单击"发布"按钮。注意，是否能开具发票；是否参与会员打折等都要勾选清楚，然后再发布（见图 4-40）。

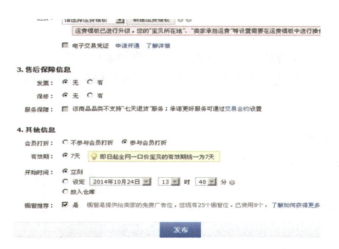

图 4-40 单击"发布"按钮

4. 网上销售

利用阿里旺旺或 QQ 聊天进行销售,要做到回复及时、承诺真实、介绍详细,服务全面。

5. 销售完毕收账或处理客户退换货

在处理退货或换货单时,要进行登记处理。退货要在收货登记后确认退款;换货要在收货登记后重新发货。

6. 完成网上销售体会汇报

完成 PPT 或其他展示文档,进行诚信网络销售体会的认识汇报。

● 劳动成果

请填写劳动成果展示表(见表 4-15)。

表 4-15 劳动成果展示表

序 号	劳动成果名称	劳动成果形式	备 注
1	网络销售学习实践	图片、视频等	团队成果
2	网络销售体会	文档(Word 或 PPT)	团队成果

任务 2 诚实维修——以小家电"电热水壶"维修为例

● 劳动目标

通过学习小家电维修的操作步骤和劳动过程,体会诚实劳动的意义。学会对待客户要真诚有礼;与工作伙伴协作时要互补互助。

劳动内容

了解家电维修的操作方法、步骤、技巧等；深刻理解家电维修过程中诚实守约、注重质量、遵守规定的重要意义；以电热水壶为例，进行小家电维修的简单实践（注意要有专业人员作指导）。

⊙ 家电维修的诚实原则

1. 坦诚对待顾客，不欺瞒误导

（1）不虚列、夸大、伪造维修服务项目。
（2）了解顾客遇到的故障状况，并进行必要解释。

（3）坦诚地说明家电的损毁情况，以及是否需要进行零件更换、需要多少维修费用等。
（4）明确告知顾客需要等待的时间，并在承诺时间内完成工作。

2. 保证维修质量，不以次充好

（1）提供优质服务。售后维修服务企业和网点要有资质，要有标准的维修流程和正规持证的从业人员。
（2）维修要保证质量。不能用次品、旧品零件暂时性地蒙骗消费者；更不能出现故意一次性不修好等问题，要诚实告知顾客实际情况。

3. 熟悉操作规定，不违反操作要求

（1）维修人员要熟练掌握安全操作规定、流程、标准等。穿戴好劳动保护用品，遵守规章制度和劳动纪律。
（2）维修人员修理前要注意安全，防止触电和机械伤害事故等。

劳动方法

小家电维修的常用方法有观察法、触摸法、调试法。

⊙ 观察法

观察法就是指根据故障类型有针对地观察某个器件的工作情况或外部表现，以寻求问题所在的方法。

观察法又分为目视观察法和听力观察法。维修前和维修中应多次采用观察法。

⊙ 触摸法

触摸法是针对具体的故障现象，用手触摸部件，根据部件表面温度的高低及有无振荡感进行故障诊断的方法。部件正常工作时，应有合适的工作温度，若温度过高或过低，都意味着存在故障。

⊙ 调试法

调试法是指通过调节小家电上的各器件来确定电气系统是否有问题，调节的器件一般有温度控制器、功率调节器及用户家庭使用的电冰箱保护器和稳压器等。

劳动过程

1. 检修安全注意事项

（1）电源插座尽量不要放在桌子上，应该安装在工作台对面的墙上或直立在木板上，严禁把插座放在地上。

（2）工作台面及附近地面最好铺上绝缘橡胶皮，这样不但可以减少触电危险，也可以避免壶体零件不小心被磕碰。

（3）工作台上尽量少放工具，建议使用工具箱或将工具集中放在一个盘子里，这样既方便使用，又能防止工具丢失。

（4）工作台上准备零件盘和废料盘，专门盛放拆卸下来的零件和废弃线头等。

（5）维修中用到的酒精、松香水等易燃品，不用时要及时盖好放在安全地方。

（6）维修时最好使用吊灯，尽量不用台灯。

（7）在工作期间，不要使用风扇对着工作台吹，这样容易引起意外事故。

2. 了解电热水壶的结构

电热水壶是采用了蒸汽智能感应控制、过热保护、水煮沸自动断电、防干烧断电、快速沸水装置的一种器具。一般技术指标为1000~1500W左右，容量从1~2L均有，电压220~240V，具体结构如图4-41所示。

3. 学习电热水壶工作原理（见图4-42）

电热水壶利用水沸腾时产生的水蒸气使蒸汽感温元件的双金属片变形，并利用变形通过杠杆原理推动电源开关，从而使电热水壶在水烧开后自动断电。其断电是不可自复位的，故断电后水壶不会自动再加热。

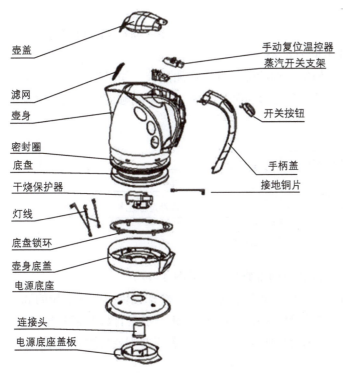

图4-41 电热水壶结构

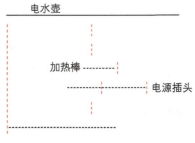

图4-42 电热水壶工作原理

4. 学习使用工具

（1）试电笔 试电笔也叫测电笔，简称"电笔"，是一种电工工具，用来测试电线中是否带电，如图4-43所示。

（2）十字螺钉旋具　一种用来拧转螺丝钉以迫使其就位的工具，通常有一个薄楔形头，可插入螺丝钉头的槽缝或凹口内。螺钉旋具刀头头型为十字形的，就是十字螺钉旋具，如图 4-44 所示。

（3）一字螺钉旋具　螺钉旋具刀头头型为一字形的，就是一字螺钉旋具，如图 4-45 所示。

（4）尖嘴钳　别名：修口钳、尖头钳、尖嘴钳。它是由尖头、刀口和钳柄组成，如图 4-46 所示。

图 4-43　试电笔　　　图 4-44　十字螺钉旋具　　　图 4-45　一字螺钉旋具　　　图 4-46　尖嘴钳

（5）两眼和三眼插头插排　插排俗称插线板、排插，学名电线加长组件或延长线插座，指的是带电源线和插头且可以移动的多位插座，可以连接一个以上的电源插头，既节省了空间又节省了线路，如图 4-47 所示。

5. 了解常见故障及维修

图 4-47　两眼和三眼插头插排

（1）电热水壶漏电的维修步骤（见图 4-48）

电热水壶漏电时要检查加热管，如果发现故障，就更换加热管；如果正常，就检查内部连接线。对于连接线，如果松脱，就进行检修，使之正常，如果接触良好，就要检查水壶内部是否进水。

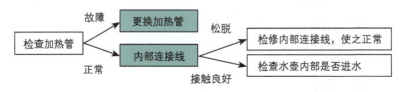

图 4-48　电热水壶漏电维修步骤

（2）电热水壶能烧水，但不能自动断电的维修步骤（见图 4-49）

电热水壶能烧水，但不能自动断电，出现此类故障时，先检查安装在电热水壶的底部或靠近底部的侧面的温控开关是否与壶壁接触不良。若接触不良，则进行修理；若接触良好，则检查温控开关是否损坏；若已损坏，则要更换同规格开关，若正常则要排除其他原因。

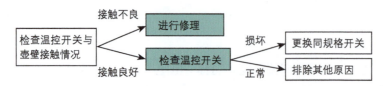

图 4-49　电热水壶不能自动断电的维修步骤

（3）电热水壶通电后不加热，指示灯不亮的维修步骤（见图4-50）

出现此类故障时，首先检查底座电源线上3孔插头L、N两端的电阻值是否正常（正常时，未按下复位开关时的电阻值为无穷大，按下按键时电热水壶1500W对应的阻值约32Ω）。若按下按键后底座电源线上3孔插头L、N两端的电阻值为无穷大，则检查电源开关动作和触点通电是否良好；若电源开关动作不良，则检查感温片小舌弯曲角度和开关连杆位置是否正常；若电源开关动作正常，但其触点不能接通，则检查弹片或触点是否损坏。最后，若电源开关正常，则检查保温开关双金属片与开关触杆的间距是否正常。

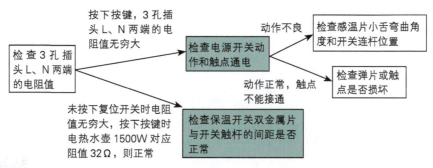

图4-50 电热水壶通电后不加热，指示灯不亮的维修步骤

（4）电热水壶加热速度慢的维修步骤（见图4-51）

出现此类故障时，首先检查电源电压是否过低。若电源电压正常，则检查室内电源插头或电路是否接触不良；若室内电源插头或电路接触良好，则检查电热管是否积垢过多；若电热管未积垢，则检查底座和壶体的电源插头间是否接触良好。

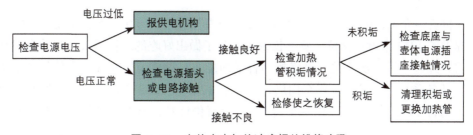

图4-51 电热水壶加热速度慢的维修步骤

劳动成果

请填写劳动成果展示表（见表4-16）。

表4-16 劳动成果展示表

序号	劳动成果名称	劳动成果形式	备注
1	小家电维修学习实践	图片、视频等	团队成果
2	诚实维修小家电体会	文档（Word或PPT）	团队成果

单元五 劳动与职业

主题 1 劳动与创新创业

概 述

一、馒头的启示：创新创业离不开辛勤劳动

云南大学毕业生罗三长创立的"罗小馒红糖馒头"曾获第三届全国大学生"互联网+"创新创业大赛全国总决赛金奖。一个小小的馒头，科技含量并不高，何以在全国创新创业大赛上如此风光、脱颖而出？

据项目资料介绍，2015年11月"罗小馒红糖馒头"成立至今，在云南已经拥有136家门店，为社会提供了1312个就业岗位。罗三长说："为了做出好吃的红糖馒头，我曾自费到中国台湾学习，经过一百多次实验，最终找到合适的配方，做成了好吃又养生的红糖馒头。"该项目产品备受百姓喜爱，以每个门店每天销售1200～1500个馒头计算，所有门店一天就能制作销售19.5万个馒头，以每个馒头1.5元售价计算，所有门店每天的营业额能达到29.25万元。

这个项目给人启示：创新创业不一定要高科技，小项目也可以成就大事业！在创新创业过程中，应辛勤劳动，不能脱离实际情况、好高骛远。创新创业是一个艰辛而漫长的过程，而不是一蹴而就的。我们可以从小项目做起，静下心来，克服在创业过程中遇到的种种问题，一步一个脚印，这样就一定能在市场上逐渐站稳脚跟，收获成功的喜悦。

二、通过劳动培养学生的创新创业精神

马克思说过："劳动即为人类创造物质或精神财富的活动。"正是因为进行积极劳动、创造性劳动，才会有相应的劳动成果。当今中国特色社会主义进入新时代，创新创业正在成为引领经济发展的动力。随着国家教育改革不断深入和国家经济转型发展，创新创业教育与劳动教育相融合已经成为高职教育改革的重点。

创新创业教育与劳动教育深度的融合可以给学生提供了解社会、体验社会的机会,有利于更好地培养大学生创新意识和创新能力,让新时代的大学生在创新创业过程中增强获得感、幸福感。

本主题将设计"手工编绳饰品的制作和销售"和"撰写和展示创业计划书"两个任务,来培养学生的创新创业精神,以及热爱劳动、吃苦耐劳的品质。

任务1 手工编绳饰品的制作和销售

手工饰品,顾名思义是将原材料或半成品通过手工加工而成的饰品。手工饰品是用来作为装饰的物品,一般用途为美化个人仪表、装点居室、美化公共环境、装点汽车等。手工饰品可分为以下几类:居家饰品、服饰配饰、汽车饰品等。手工饰品在国外被称为"DIY"饰品,其材料多种多样,造型更是千姿百态。

微课38

● 劳动目标

手工编绳饰品的制作和销售。

● 劳动内容

本任务以手工编绳饰品为创业项目,通过设计、制作、销售等一系列内容,帮助学生深度理解劳动与创新创业的关系,培养学生艰苦奋斗、自强不息、积极进取、争创一流、勇于进取的创新创业精神。

● 劳动方法

⊙ 工具简介

1

2

1 **U型剪刀** 用U型剪刀剪线头,一般比剪纸的剪刀要锋利。如果没有U形剪刀也可以换成其他剪刀。

2 **打火机** 在接线及作品收尾时,多用打火机来完成烧黏。

◉ 材料简介

1　**玉线**　玉线是中国结编织最常用的线,主要有 71 号线(直径 0.4mm)、72 号线(直径 0.8mm)、A 玉线(直径 1.0mm)、B 玉线(直径 1.5mm)、C 玉线(直径 2.0mm)等。玉线手感稍硬,编出的成品比较紧密。

2　**瓷珠**　瓷珠的花纹精美,而且具有中国传统文化内涵,绳结与瓷珠进行搭配,东、西方人士都非常喜欢。

◉ 中国结编法简介

(1)平结

平结是一种最古老、最通俗和最实用的结索。"平"有高低相等,不相上下之意,同时,又有征服、稳定的含义,如平定、平抑。而事实上平结给人的感觉是四平八稳。含有平字的吉祥语很多,如延寿平安、平福双寿、富贵平安等。

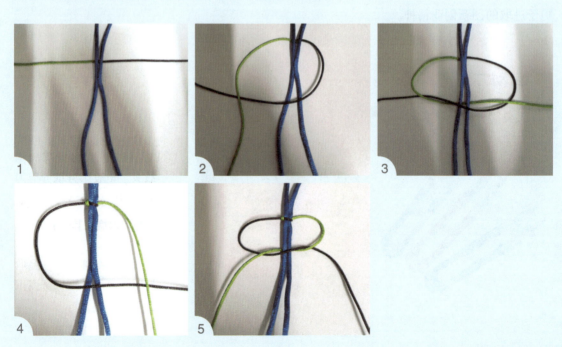

1. 以蓝色线为轴编绿黑色线。

2. 将黑色的线从中间线的上方放到中间线的左边,将绿色线压住黑色线。

3. 将绿色线从中间线的下方穿过中间线右边的黑色线圈并拉紧,形成一个平结。

4. 将黑色线从中间线的上面放到中间线的右边,绿色线压住黑色线。

5. 绿色线从中间线的下面穿过中间线右边的黑色线圈并拉紧,形成两个平结。

（2）蛇结

蛇结是中国结的基本结之一,蛇结的形状如蛇骨,利用蛇结编织的中国结具有弹性,可以左右摇摆。

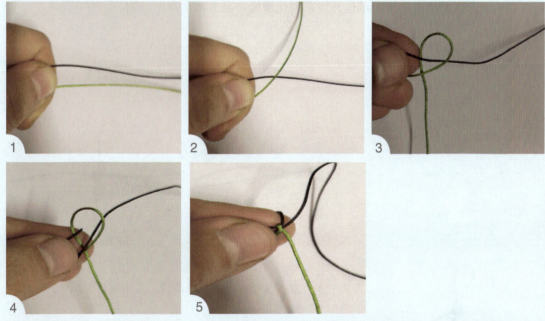

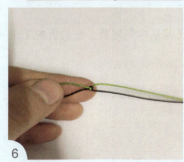

1. 拿一根绳子对折,为了给大家做示范,取了两根绳子,左手捏住两根平行的绳,上黑下绿。

2. 将绿绳搭在黑绳上。

3. 将绿绳围着黑绳做一个绿色圈。

4. 将黑色的绳从食指的后面绕到前面,然后穿进第一根绿绳的线圈里,形成一个绕食指的黑色的圈。

5. 拉紧黑色的线。

6. 从食指上取下黑色的圈,拉紧黑色的线,这样就形成了一个蛇结。

劳动过程

⊙ 产品设计

（1）确定目标人群

对手工编绳饰品进行市场调研，需要了解目前手工编绳产品的现状、消费者的喜好和需求，调研产品的销售状况、产品的生命周期、竞争状况，确定目标人群，写出调研报告。

（2）分析用户需求，明确设计目标

对用户的需求进行分析，包括可行性分析和合理性分析，明确设计内容。这需要设计人员和客户进行沟通，并且对原始产品进行数据分析，这样才能够明确设定产品大致的设计内容和目标。

（3）形成构思，绘制产品方案草图

在设计主题确定后，利用头脑风暴的方法可以对主题进行深入挖掘，用已知的绳结进行变款和设计，然后以小组为单位开展系列化编绳产品方案的草图绘制。

⊙ 产品制作

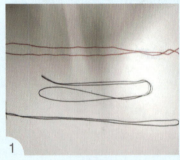

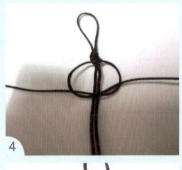
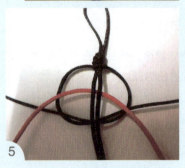

1 准备3根长100厘米的线，其中两根为黑色，一根为红色。

2 取其中一根黑色的线将其从中间对折，在对折的2厘米处打两个蛇结。

3 取另外一根黑色的线，在两个蛇结下面，打一个平结。

4 接着再做一个平结。

5 将红色的线穿过上一步打好的平结中，将平结拉紧。

6 再打3个平结。

7 将红色的线交叉穿入上一步的平结中。

8 拉紧平结的两根黑线。

9 用黑色的线打一个蛇结。

10 将两根红色的线从蛇结下面穿上来。

11 重复步骤6~10，编到适合手腕的长度。

12 保留中间的两条黑色的线，将另外两根黑色的线和红色的线系好剪掉，用打火机烫好线头。

13 在中间的两根黑色线上穿入一颗黑色的陶瓷珠并系好剪掉线头，制作完成。

⊙ **产品拍摄**

选择适当的拍摄环境，若没有合适场景，可使用道具铺设现场。尝试不同的摆放角度、佩戴角度，展现出产品最精致的部分，让消费者被照片吸引。

学生将产品的照片或者视频上传至淘宝、快手、今日头条、微信、抖音等销售平台上。

⊙ **产品网络推广**

以淘宝店为例，可以采用需要付费的淘宝直通车为宝贝实现精准推广，也可以借助社交工具，例如微博、论坛、朋友圈、公众号等方式进行推广。

注意事项
- 产品在设计时要注意颜色的搭配以及材质的搭配。
- 手工编绳饰品在制作过程中一定要认真仔细，绳结的编制过程要注意细节的处理。
- 在销售过程中要注意广告语的使用以及相关的法律法规。

● **劳动成果**

请填写劳动成果展示表（见表5-1）。

表 5-1 劳动成果展示表

序 号	劳动成果名称	劳动成果形式	备 注
1	调研报告	报告	团队成果
2	设计草图	设计图纸	团队成果
3	编绳手链	作品	团队成果
4	销售体会	文档	团队成果

 撰写创业计划书

在当前"大众创业、万众创新"是的背景下，创新劳动已经成为推动社会发展的原动力。在党的十九大报告之中，习近平总书记更是强调"创新是引领发展的第一动力，是建设现代化经济体系的战略支撑"。大学生开展创新创业，可以激发大学生的创造热情，调动创新劳动的主动性和积极性。

如何撰写一份优秀的大学生创业计划书，决定了一个创业项目能否走得更远，学生可以在创业计划书的撰写中，体验创业劳动的过程。

劳动目标

结合专业知识和劳动能力的要求，培养发掘创业项目，撰写创业计划书。

劳动内容

按国际惯例通用的标准文本格式撰写创业计划书，包括创业项目的产生过程、决策的依据、实现路径、存在的问题以及解决途径等一系列内容。

为方便学生理解创业计划书的撰写内容，我们使用一份创业计划书案例配合讲解使用，该创业项目是辽宁机电职业技术学院学生在老师的指导下参加"挑战杯"辽宁省大学生创业计划竞赛并获得金奖的项目，创业计划书内涉及个人信息的内容均做了隐去处理。

劳动方法

撰写创业计划书之前需要有创业项目，在"劳动方法"中我们将帮助你寻找创业项目，讲解创业知识。

创业计划就是策划把创业项目如何实践落地，使项目真正成为可以盈利的商业模式。

首先，结合所学专业，依托职业劳动的工作内涵，在专业领域内寻找创业商机或设计创新产品，开发具有商业潜力的创业项目，要求项目可填补市场空白抑或增加产品的附加值，服务模式和商业模式具有长远的市场前景和经济效益。

⊙ 创业机会识别

创业项目一定是从社会生产生活而来的，为什么别人总会发现商机，而我总是后知后觉呢？寻找创业项目就是在日常生活中或自己熟悉的领域寻找商业机会，识别与评估市场机会是创业过程的起点，也是创业过程中一个具有关键意义的阶段。许多很好的商业机会并不是突然出现的，而是对于"一个有准备的头脑"的一种回报。

- ✧ 创业机会一般分为两种：一种是意外发现的，一种是经过深思熟虑才发现的。
- ✧ 国家产业政策的调整、新技术的出现、人口和家庭结构的变化、人的物质和精神需要的变化、流行时尚等都可能形成商业机会。

⊙ 创业资源挖掘

寻找创业项目时需要对创业资源区别对待，对于创业十分关键的资源要严格地控制使用，使其发挥最大价值。对于创业企业来说，掌握尽可能多的资源有益无害。当然还有一个问题是，如何在适当的时机获得所需资源。创业者应有效地组织交易，以最低的成本来获取所需的资源。

- ✧ 创业资源是新创企业在创造价值的过程中需要的特定资产，包括有形资产与无形资产，主要表现为创业人才、创业资本、创业机会、创业技术和创业管理等方面。

- 对创业企业来说，创业者是其独特的资源，也是无法用钱买到的资源。
- 创业本身也是一种资源的重新整合。简单地说，创业资源就是创业者所需具备的一些创业条件

● **劳动过程**

创业计划的制订是基于信息的搜集和分析的基础。这个过程有利于确定机会价值，及创业的宗旨、目标、方法、可行性、战略等。

图 5-1 为创业计划书的首页，包含了团队（公司）名称、项目名称和企业文化展示，也可加入创业者信息等元素。

图 5-1　创业计划书首页

 ◇ 对初创的风险企业来说，创业计划书的作用尤为重要，一个酝酿中的项目，往往很模糊，通过制订创业计划书，把正反理由都写出来，然后再逐条推敲。创业者可以对项目有更清晰的认识。

1. 创业项目分析（图 5-2）

1）主要产品（或服务）的内容及独特性。
2）目标顾客有哪些，产品（或服务）能给顾客带来的价值。
3）产品生产计划、成本和售价。
4）核心技术情况。

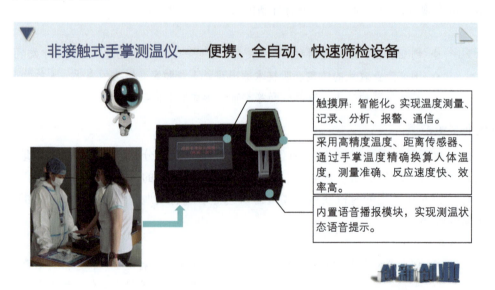

图 5-2　创业项目分析

所学专业的相关行业分析
- ◆ A. 过去五年，该行业的销售总额是多少？
- ◆ B. 该行业预计的增长率如何？
- ◆ C. 过去三年，该行业有多少新进公司？
- ◆ D. 该行业最近有什么新产品上市？
- ◆ E. 最接近的竞争者是谁？
- ◆ F. 你的企业如何经营才能超过该竞争者？
- ◆ G. 你的每个竞争者的优势和劣势是什么？
- ◆ H. 每个竞争者的销售额是增、减还是稳？
- ◆ I. 你的客户的特点是什么？
- ◆ J. 你的客户与竞争者的客户有什么区别？

2. 市场分析（见图5-3）

1）产业目前发展状态与市场规模。

2）产业发展趋势预测及盈利潜力。

3）竞争者优劣势、自身优劣势及策略分析。

- ◆ 市场上出现了与经济发展阶段有关的新需求。
- ◆ 市场供给缺陷产生的新商业机会。
- ◆ 先进国家（或地区）产业链转移带来的市场机会。
- ◆ 从中外比较中寻找差距，差距中往往隐含着商机。

图5-3 创业市场分析

3. 团队建设（见图5-4）

1）组织机构及管理目标。

2）主要管理成员的才能及职责。
3）所有权、股权与报酬。
4）专业顾问与提供的服务。

创业团队

杜××
电子信息工程技术专业
管理、组织能力强，凝聚力强，敢"闯"敢"创"

张××
工业过程自动化专业
综合能力强，若有一个舞台，便会发挥"淋漓尽致"

黄××
工业过程自动化专业
严谨、细致、喜欢研究、喜欢制作，技术"疯狂"

项目成员曾获荣誉
· 全国虚拟仪器技术职业技能大赛 第一名
· 全国大学生电子设计竞赛 金奖
· 全国人工智能技术应用职业技能大赛 金奖

图 5-4 创业团队

4. 经营方案（见图 5-5）

经营方案是企业合理配置和利用资源，向消费者提供所需使用价值，能够持续有效盈利的系统结构，简言之，经营方案就是公司用来赚钱的方式或途径，如图 5-6 所示。

（1）企业的目标规模

在创业阶段，生存是第一位的，一切围绕生存运作，一切危及生存的做法都应避免。最忌讳的是在创业阶段提出不切实际的扩张目标，盲目铺摊子、上规模，结果只能是"企而不立，跨而不行"。创业企业要超越已有的竞争对手，一定要探索到新的成功的生存模式，这是新创企业管理的本质所在。

（2）企业的管理方式及经营战略

初创企业的管理方式为：以生存为首要目标、创造并保障现金流、创业者参与经营细节、高效有序的"混乱"状态、奉行"顾客就是上帝"。

（3）风险分析及应对办法

创业过程中一般会出现以下几种风险，即：开业后头 3 年可能出现开业风险、现金风险、市场风险、技术风险和人员风险，第 3 至第 7 年可能出现授权风险和领导风险，第 7 至第 10 年可能出现财务风险。

创业在某种意义上就是机会与风险同在的过程。创业风险的识别与管理，以及有效地预防和控制风险，是创业过程中必须掌握的技能。一份详尽的市场调查有助于创业者做出准确的市场定位、更好的市场细分以及企业的营销决策，可以减少创业过程中的失误，增强创业成功的可能性。

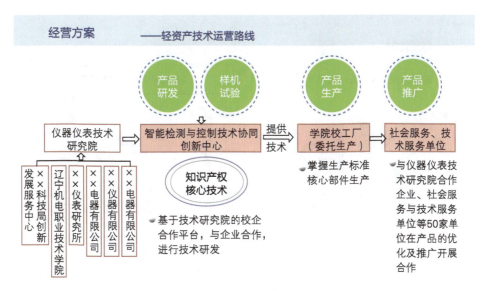

图 5-5 项目经营方案

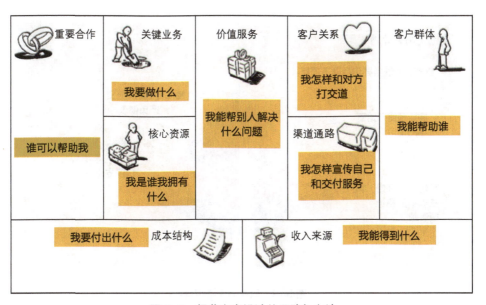

图 5-6 经营方案设计的思路与方法

5. 财务计划（见图 5-7）

创业计划中，项目运行需要资金保障，财务计划尤为重要，它包括：

1）启动资金预算。

2）融资计划。

3）盈亏平衡分析。

4）收益表、资产负债表、现金流量表。

5）投资回收期估算。

企业的财务计划应保证和商业计划书的假设相一致。事实上，财务计划和企业的生产计划、人力资源计划、营销计划等都是密不可分的。具体需要计划的内容如图 5-8 所示。

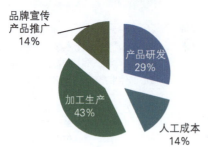
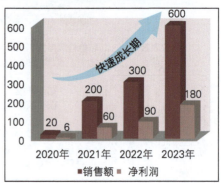

图 5-7 财务计划

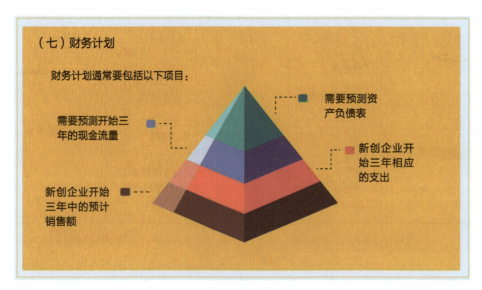

图 5-8 财务计划的内容

6. 营销计划（见图 5-9）

考虑新企业在产品构成与顾客群体层面所确立的主张，包含面向哪些顾客、提供什么样的产品或服务等；新企业在市场定位指引下以何种方式提供产品或提供服务的假设；企业如何获得收入、分配成本、赚取利润。良好的盈利模式不仅能够为企业带来利益，更能为企业编织一张稳定共赢的价值网。制订计划时需考虑：

1）产品（或服务）定价策略。
2）销售方式、营销策略。
3）促销策略。
4）薪酬计划。
5）广告方式。

- ◆ 平台模式：通过搭建一个合理化的平台，吸引相关人群来经营发展，保证稳定的业务增长和持续发展的动力。
- ◆ 网络模式：通过构建密集完整的网络体系，最大限度地占有市场份额，保持对市场的控制度，并整合市场中尽可能多的资源。
- ◆ 开门模式：前期的销售或服务可能是低价，甚至零价格销售，是后续销售的铺垫，以培养客户的消费习惯和购买忠诚度为目标，使客户的购买行为变成一种长期的重复性行为。
- ◆ 金字塔模式：根据客户的不同特点，对客户群进行细分，提供不同类型、不同层次的产品，以达到最大程度覆盖市场的效果。

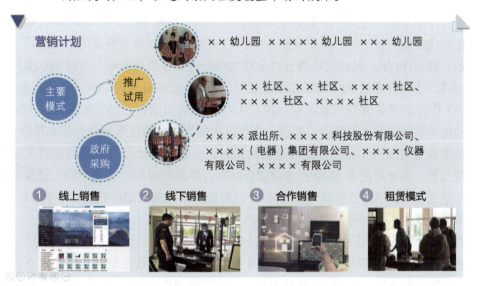

图 5-9　营销计划

7. 附录

附录是对正文中涉及内容的补充，对一些相关数据资料进一步说明介绍解释。比如，相关证书、证明，例如企业营业执照、专利证书、客户名单、工艺图、财务报表等。

- ◆ 与计划书主体部分一起装订成册。
- ◆ 被查资料列出清单即可，以备查询。

● 劳动成果

劳动成果以创业计划书的形式体现在劳动成果展示手册中，资料图片、实施过程等佐证材料填入劳动成果展示表中。具体见表 5-2。

表 5-2　劳动成果展示表

劳动成果名称	劳动成果形式	备　注
创业计划书	撰写过程研究、讨论的照片 查阅资料佐证材料	个人成果

主题 2 劳动与职业发展

概 述

根据麦肯锡全球研究院（McKinsey Global Institute，简称 MGI）在 2017 年公布的一份关于自动化时代劳动力转型的深度研究报告中，将自动化可能对就业造成的影响进行了评估。评估显示，到 2030 年，自动化可能会对全球大部分的工作造成影响，全球 800 多种职业中的 2000 多项工作，有超过 50% 的工作可以运行自动化。全球将有约 15% 的工作可能被取代，约 3% 的工作可能需要改变职业类别，约有 4.75 亿个岗位受到自动化的冲击。人工智能构建的自动化体系将会对人类劳动力的就业产生巨大的影响，程度远超以往技术革命。

在技术发展对人类工作岗位造成冲击的同时，一些未来社会的发展趋势将成为劳动力需求的催化剂，由此可能在 2030 年之前创造数百万个就业岗位。如果自动化迅速发展，全球将有多达 3.75 亿工人 (占全球劳动力的 14%) 可能需要过渡到新的职业，并学习新的技能。由此，未来将发生巨大的劳动力转型。

作为以技术技能应用为重点的高职院校学生，未来的职业岗位是在生产一线从事生产劳动的技术型岗位，与传统制造业相比，未来的生产劳动专业性更高、综合性更强、技术性更强。本主题将通过"体验现代科技条件下劳动实践新形态、新方式"和"职业劳动实践"两个任务，帮助学生与时俱进，关注所学专业的发展方向和前沿信息，从而做好新劳动形态下的职业规划和发展。

任务 1 体验现代科技条件下劳动实践新形态、新方式

目前，以互联网、物联网、云计算、大数据、机器人、传感器等为代表的当代科技发展的新成果对工业与产业发展的影响巨大，其中最重要的作用与影响是使越来越多的智能化的机器人、传感器进入到生产过程中，使社会生产过程日益智能化、自动化、无人化。

本次任务，请同学们探寻身边的现代化智能工厂、互联网新零售、无人机应用、无人驾驶、智能医疗、3D 打印、智能金融、无人仓储物流、智能农业、大数据（云计算、物联网）中心等现代科技企业、车间、工厂或学校内先进的实训室，以团队合作的方式，体验现代科技条件下劳动实践的新形态、新方式。

● 劳动目标

体验一线生产岗位的职责要求，结合专业知识，研究分析本专业学习的劳动技能和专业技能在新型岗位需求中的发展要求，并撰写参观体验报告。心得体会和成果内容要体现在成果手册中。

● 劳动内容

深入企业，体验现代化科技型企业生产一线的劳动内容，了解新型企业的管理、生产流程、生产设备、运营模式等各环节的劳动体现形式。

● 劳动方法

为做好参观体验任务，应做好前期准备工作，包括确定参观企业类型、联系具体企业、描述参观需求、制订参观路线、确定参观和持续时间等。

1. 选择参观的行业类型

结合自身所学专业或兴趣特长，选择欲参观体验的行业类型。

主要分为：制造业、服务业、通信技术、信息技术、互联网（大数据、物联网、云计算）、现代物流（仓储）、新零售等行业。

2. 选择参观的企业

确定行业类型后，选择相关企业，选择时应首先了解调研学校的先进实训室等场所是否满足要求，其中包括学校实习车间、实践基地、大学科技园、校企合作单位等校内资源；其次，选择校园周边相关企业，包括高新技术园区、产业基地、校外实践基地等；最后，选择学校所在地或者地方区域具有代表性的现代化科技企业。

需要注意的是，欲参观的企业应具备参观接待功能，设有参观接待管理部门，有明确的参观路线和接待管理制度，从而保证参观体验的安全性和规范性。

3. 拟定参观体验的计划

确定参观企业后，联系企业接待负责人，确定参观人数、参观时间与时长、参观内容、参观路线、体验场所、调研环节等详细参观计划。

如图 5-10 所示，具备参观功能的企业，设有专门的参观通道，既保证安全又不影响生产的参观制度。

图 5-10 企业参观指引图

● 劳动过程

1. 企业基本信息

包括企业名称、企业所属行业、产品名称（服务模式）、企业类型（私企、外企、国企、有限责任公司、股份公司、上市公司）、企业地点、企业规模（占地面积、人员数量、资产总值）、企业生产的产品（提供的服务、盈利模式）、生产流程（服务流程、工作内容）、硬件设备（生产设备、配套的服务设施）等。

2. 企业岗位配置

虽然现代化科技企业，尤其是无人工厂、智慧仓储等企业，生产一线并没有人工岗位，但是基于机械、电子、控制、计算机、传感器和人工智能等多学科先进技术于一体的自动化生产装备，需要专业技术人员提供设备的稳定运行、日常保养、维修维护、编程调试、设备升级更新、局部优化改造等工作。所以智能工厂配置的工作岗位不是单纯的手工劳动，而是人机交互，通过后台操控机器完成产品制作过程，这需要员工有更高的专业素养。

3. 企业岗位职责分析

分析每个岗位的职责和要求，描述每个岗位的劳动内容、工作内容和工作模式。对比传统企业，总结现代化科技企业对于专业技能和劳动能力的更高要求。

图 5-11 展示了智能工厂部分工作岗位的工作职责，由于智能工厂使用大数据、物联网、云计算、智能设备等技术，岗位职责更注重技术创新、策略规划、生产监督及协调维护智能机器的正常运作等。

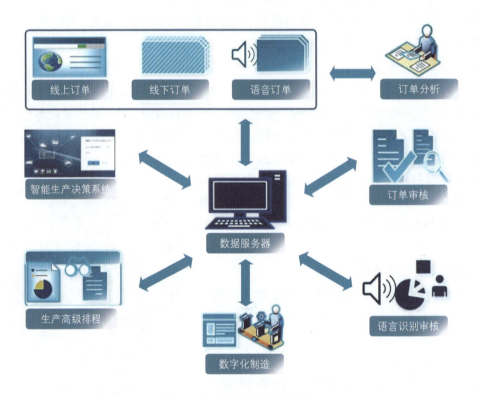

图 5-11 智能工厂工作职责

4. 撰写参观心得体会

针对现代化科技企业的岗位的技能要求和劳动要求，撰写心得体会，包括对现代化科技企业的理解和认识、岗位工作分析、未来的职业规划等。

● **劳动成果**

劳动成果以参观体验报告的形式体现在成果展示手册中，参观照片、调研过程等佐证材料填入劳动成果展示表中。劳动成果为劳动实践报告，具体见表5-3。

表5-3 劳动成果展示表

劳动成果名称	劳动成果形式	备　注
劳动参观实践报告	文档、参观照片	个人成果

任务2　职业劳动实践

当今人工智能（AI）技术飞速发展，人类社会正在发生深刻而本质的改变。从手机智能系统、图像语音识别到智能机器人、无人驾驶汽车等智能产品的应用与普及，我们已自觉或不自觉地置身于人工智能的环境中。人工智能已经嵌入到人类生活的各个领域，并对人类生活以及社会结构产生巨大的影响和冲击，其中，劳动力市场首当其冲。

目前，越来越多的国内制造企业开始实施数字化转型，随着"工业4.0"的热潮从德国涌向全球，以及"中国制造2025"的实施，人工智能将是智能工厂的核心技术。在智能工厂中，现有生产加工岗位正发生着翻天覆地的变化：劳动岗位将变少，岗位要求更高，生产流程中没有简单重复的劳动岗位，取而代之的是集多学科一体的高技术要求岗位（见图5-12），在未来的十年或二十年内，会大量涌现人工智能领域的技术创新，教育、卫生保健、交通、农业和公共安全领域的工作都将受到巨大冲击。

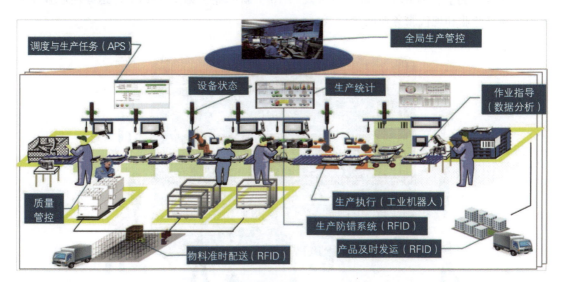

图5-12　人工智能背景下智能工厂中的工作岗位

2015年3月5日，李克强在十二届全国人大三次会议上作《政府工作报告》时首次提出"中国制造2025"的宏大计划，计划实施的范围包括十个重点领域，如图5-13所示。

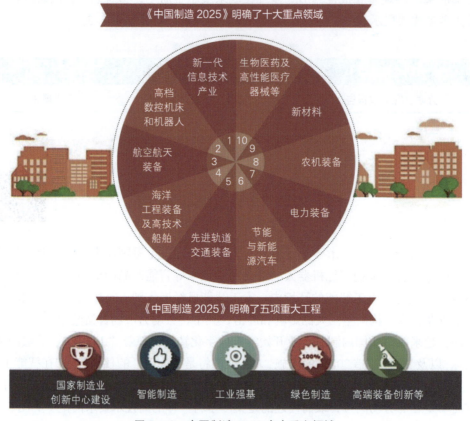

图5-13　中国制造2025十大重点领域

2020年3月，人社部等三部门联合发布16个新职业（见图5-14），这些新职业主要集中在新兴产业和现代服务业两个领域。

图5-14　社部等三部门联合发布16个新职业

● **劳动目标**

根据新职业类型，了解与本专业相关的新职业要求，从而了解新形态下技术技能工人的岗位职责，体验新形态企业的劳动形式和内容。

● **劳动内容**

进行企业劳动实践，以技术人员助手的身份，实地体验生产一线的劳动内容，例如智能工厂中的工业机器人安装调试员、大数据中心的数据分析员、智能工厂生产数据管理员、3D 打印设计操作人员等岗位。

撰写劳动实践报告，心得体会和成果内容体现在成果评价手册中。

● **劳动方法**

劳动实践尽量采取小组集中的实践形式，可由学校指导教师联系企业，也可以自主联系，实践过程中，在接受学生劳动实践的单位领导下，聘请企业专业技术人员参与指导劳动实践，帮助学生制订实践计划，确定劳动岗位分配，进行业务指导、思想教育、安全教育，考察学生的工作质量及劳动纪律，对学生的实习做出评语。

如图 5-15 所示的智能工厂组成模块中，机械类专业的同学可以在智能设备模块中进行劳动实践，商务与物流类专业的同学可在自动化仓储和互联网订单模块中进行劳动实践。

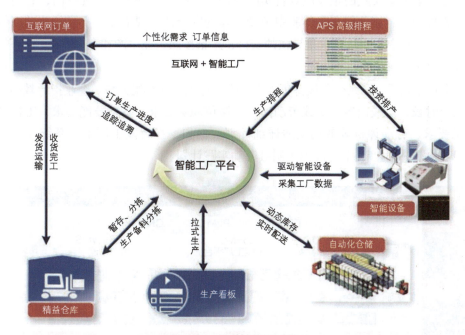

图 5-15 智能工厂组成模块

1. 选择劳动实践的行业类型

劳动实践必须选择所学专业的相关行业，或是与专业相关的产业链企业。比如，如图 5-16 所示的智能制造相关产业链中，包括自动化生产线生产企业、传感器生产企业、智能控制系统设计企业、大数据分析云平台提供商等行业。

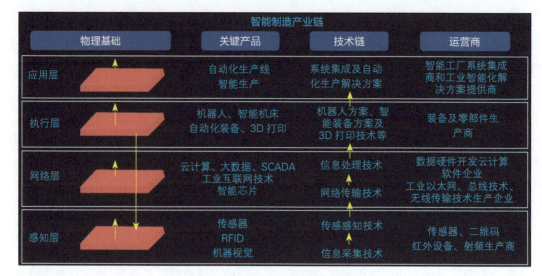

图 5-16 智能制造相关产业链

2. 选择实践体验的企业

选择企业的主要类型为：智能工厂、数字化（无人）车间、"互联网＋工业"型企业、大数据（物联网、云计算）应用企业、新能源制造与应用企业、智慧物流（智能仓储）企业、"互联网＋新零售"等企业。

需注意，欲劳动实践的企业应具备实践条件，设有专门的培训管理部门，有明确的实习和培训管理制度，能确保实践体验中劳动工作的安全性和规范性。实践的劳动岗位应安全无危险源，实践中应听从企业指导教师安排，严格按照企业生产和有关安全制度执行。

3. 拟定劳动实践计划

确定实践企业后，联系企业接待负责人，确定总人数和小组人数、企业指导教师安排、劳动时间与时长、实践内容、实践劳动岗位、岗位职责要求、基本技能要求、工作制度、劳动成果要求、劳动评价等劳动实践详细计划。例如，在智能工厂平台系统架构中（见图 5-17）选择某一生产环节（岗位）制订劳动实践计划。

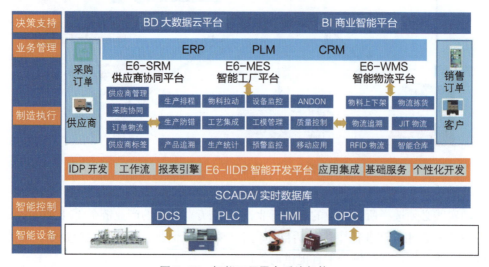

图 5-17 智能工厂平台系统架构

● 劳动过程

1. 了解企业生产（服务）流程

在了解企业基本信息的基础上应详细了解企业的生产（服务）流程，若为制造类或生产加工型企业，需了解企业产品，包括产品类型、特点；了解生产流程，包括生产设备、生产环节、生产要求、原材料情况、成品情况等。生产流程可查阅企业生产管理系统，图 5-18 为钢材冶炼车间的智能管控中心。

若为服务型企业应了解企业的服务流程，包括服务对象、服务过程、服务要求、服务模式等情况。

图 5-18　钢材冶炼车间的智能管控中心

2. 企业岗位配置与职责

了解企业中各个生产岗位的配置，包括岗位配置原则、岗位在生产流程中的作用、岗位配备的人员等情况。

了解岗位职责，包括岗位具体的工作内容和劳动内容、岗位劳动过程的人员分工、岗位劳动时间、岗位劳动要求等情况。

比如，在智能工厂，设备维护与数据管控员（见图 5-19）的岗位职责是为自动化生产设备进行编程、调试、维护及维护保养，对运行参数进行监控分析。

图 5-19　设备维护与数据管控员

3. 劳动实践内容

分析岗位职责和要求，描述每个岗位的劳动内容、工作内容和工作模式。按照生产要求和指导教师的要求，协助岗位技术人员进行辅助劳动，作为技术人员的工作助手，进行生产劳动，结合自身的专业完成力所能及的劳动任务。

比如，在设备安装调试岗位（见图 5-20），学生可辅助技术人员进行安装简单结构、接线和调试程序等工作。

4. 劳动实践小结

总结本次劳动实践的劳动内容，包括劳动时间、具体工作内容、使用的劳动（生产）工具（设备）、运用的专业知识、使用的专业技能、生产的产品（半成品）、完成的服务、学到的专业知识和技能等内容。

新形态下的企业岗位劳动与传统岗位劳动差别较大，例如在智能工厂的智能制造安装调试中（见图5-21），设备集成度较高，同时涉及机械、电子、自动化和编程知识，在劳动中应广泛了解各学科知识，并对比岗位升级后的劳动内容变化。

5. 劳动实践心得体会

针对新形态企业的岗位的技能要求和劳动要求，撰写心得体会，包括对企业中职业劳动的理解和认识、岗位工作分析、技能要求、新形态劳动工作特点。

针对我国未来制造业发展的重点领域，结合所学专业指导完善自己的未来的职业规划。

图5-20　设备安装调试

- ✓ 生产线设计教学：包括生产线机械配置、仓储料架、物料配送系统、机器人化自动装备；
- ✓ 控制系统：包括PLC控制程序开发、现场总线以及工业以太网技术、HMI人机交互、伺服驱动控制。

图5-21　智能制造安装调试岗位工作任务

● 劳动成果

请填写劳动成果展示表（见表5-4）。

表5-4　劳动成果展示表

序号	劳动成果名称	劳动成果形式	备注
1	劳动实践报告	文档、参观照片	个人成果

参 考 文 献

[1] 曲霞，刘向兵.新时代高校劳动教育的内涵辨析与体系建构[J].中国高教研究，2019（2）：73-77.

[2] 黄济.关于劳动教育的认识和建议[J].江苏教育学院学报（社会科学版），2004（5）：17-22.

[3] 檀传宝.劳动教育的概念理解——如何认识劳动教育概念的基本内涵与基本特征[J].中国教育学刊，2019（2）：82-84.

[4] 王连照.论劳动教育的特征与实施[J].中国教育学刊，2016（7）：89-94.

[5] 冯刚，刘文博.新时代加强大学生劳动教育的时代价值与实践路径[J].中国高等教育，2019（12）.

[6] 胡斌武，沈紫晴.劳动教育研究70年：回顾与展望[J].浙江工业大学学报（社会科学版），2019，018（4）：442-446.

[7] 王飞.新中国"十七年"劳动教育的成就与启示[J].北京教育学院学报，2020（1）：1-7.

[8] 马轻轻.新中国成立70年来劳动教育概述[J].湖南第一师范学院学报，2019（8）.

[9] 赵长林.新中国成立70年我国劳动教育思想的演进与劳动课程的变迁[J].国家教育行政学院学报，2019（6）.

[10] 张鹏飞，高盼望.新中国成立以来劳动教育政策的变迁与展望[J].当代教育科学，2020（2）.

[11] 王飞.新中国劳动教育70年回顾与展望[J].教育史研究，2019（3）.

[12] 王莹.新时代育人目标的丰富和拓展——从"德智体美"到"德智体美劳"的解读[J].学校党建与思想教育，2020（7）.

[13] 柳夕浪.构建完整体系，解决突出问题——《中共中央 国务院关于全面加强新时代大中小学劳动教育的意见》解读[J].中国德育，2020（7）：7-10.

[14] 刘向兵.新时代高校劳动教育的新内涵与新要求——基于习近平关于劳动的重要论述的探析[J].中国高教研究，2018（11）：2.

[15] 王瑞生.伟大的精神磅礴的力量——赞劳模精神、劳动精神、工匠精神[J].中国工会财会，2018（5）：6-7.

[16] 邢亮，刘乾承.劳模精神、劳动精神的时代内涵探赜[J].山东工会论坛，2019（3）：77-81，100.

[17] 庄西真.倡导劳模工匠精神引领劳动价值回归[J].中国职业技术育，2017（34）：105-109.

目 录

如何使用本手册 ...002
劳动实施计划表 ...003
劳动成果展示表 ...004

单元一 树立正确的劳动观念

头脑风暴：当今社会环境下如何正确看待劳动过程
考核表 ...005
头脑风暴：当今社会环境下如何正确看待劳动个人
成绩评价表 ...006
劳动法律现象辨析过程考核表 ...007
劳动法律现象辨析个人成绩评价表 ...008
制订学期劳动计划过程考核表 ...009
制订学期劳动计划个人成绩评价表 ...010
制作劳动教育宣传板过程考核表 ...011
制作劳动教育宣传板个人成绩评价表 ...012

单元二 具备必备的劳动技能

汽车洗护过程考核表 ...013
汽车洗护个人成绩评价表 ...014
人工智能编程应用过程考核表 ...015
人工智能编程应用个人成绩评价表 ...016
营销策划过程考核表 ...017
营销策划个人成绩评价表 ...018
营销实践过程考核表 ...019
营销实践个人成绩评价表 ...020
"断舍离"整理术过程考核表 ...021
"断舍离"整理术个人成绩评价表 ...022
烹饪技能过程考核表 ...023
烹饪技能个人成绩评价表 ...024
垃圾分类讲解员过程考核表 ...025
垃圾分类讲解员个人成绩评价表 ...026
疫情防控领航员过程考核表 ...027
疫情防控领航员个人成绩评价表 ...028

单元三 大力弘扬三大精神

陶艺制作过程考核表 ...029
陶艺制作个人成绩评价表 ...030
木艺孔明锁制作过程考核表 ...031
木艺孔明锁制作个人成绩评价表 ...032
寻找本专业技能大师过程考核表 ...033
寻找本专业技能大师个人成绩评价表 ...034

观摩大师精湛技艺过程考核表 ...035
观摩大师精湛技艺个人成绩评价表 ...036
对身边的劳动模范进行访谈过程考核表 ...037
对身边的劳动模范进行访谈个人成绩评价表 ...038
与劳模一起工作过程考核表 ...039
与劳模一起工作个人成绩评价表 ...040

单元四 养成良好的劳动品质

合法设计标识过程考核表 ...041
合法设计标识个人成绩评价表 ...042
合法快递过程考核表 ...043
合法快递个人成绩评价表 ...044
换灯具过程考核表 ...045
换灯具个人成绩评价表 ...046
户外安全摄影过程考核表 ...047
户外安全摄影个人成绩评价表 ...048
种植蔬菜过程考核表 ...049
种植蔬菜个人成绩评价表 ...050
实训室"8S"管理过程考核表 ...051
实训室"8S"管理个人成绩评价表 ...052
小组协作植树过程考核表 ...053
小组协作植树个人成绩评价表 ...054
公司年会的策划和组织过程考核表 ...055
公司年会的策划和组织个人成绩评价表 ...056
学习诚信网络销售过程考核表 ...057
学习诚信网络销售个人成绩评价表 ...058
诚实维修——以小家电"电热水壶"维修为例
过程考核表 ...059
诚实维修——以小家电"电热水壶"维修为例
个人成绩评价表 ...060

单元五 劳动与职业

手工编绳饰品的制作和销售过程考核表 ...061
手工编绳饰品的制作和销售个人成绩评价表 ...062
撰写创业计划书过程考核表 ...063
撰写创业计划书个人成绩评价表 ...064
体验现代科技条件下劳动实践新形态、新方式
过程考核表 ...065
体验现代科技条件下劳动实践新形态、新方式
个人成绩评价表 ...066
职业劳动实践过程考核表 ...067
职业劳动实践个人成绩评价表 ...068

如何使用本手册

致读者：

  本评价手册用于学生任务完成过程与完成效果的综合评价，与教材中的 32 个劳动任务完全对应，每个劳动任务设计了 4 张评价表单，分别是**劳动实施计划表**、**劳动过程考核表**、**劳动成果展示表**、**个人成绩评价表**。

  其中**劳动实施计划表和劳动成果展示表**中的内容基本一致，本手册仅在第 3~4 页提供样表，不再在每个任务中重复展示。建议教师根据实际授课情况，参考这两张样表进行评分。

  每个劳动任务中的**劳动过程考核表和个人成绩评价表**内容有所不同。**劳动过程考核表**明确了任务内容、评分标准、赋分标准，**个人成绩评价表**包含了劳动心得体会、多方评价、成绩汇总。建议每完成一个劳动任务，就完成该项任务考核，然后将评价表单装订成册，方便课程结束进行总体评价。

  希望通过这本配套的评价手册，促进学生积极参与劳动，完成劳动任务，提高劳动素养。本评价手册的编写虽尽力做到公平、合理，但由于编者水平有限，书中仍有可能存在某些不足，敬请广大读者批评指正！

编 者

劳动实施计划表

任务名称：			
任务类别： □ 个人任务		□ 团队任务	
个人姓名		**班　级**	
团队成员		**班　级**	

应掌握的知识点或者技能点	1.	
	2.	
	3.	
	4.	
	5.	

	步　骤	实施阶段内容	备　注
任务实施计划（方案）（欲完成的工作内容、需使用的工具设备材料、重点事项、注意提醒等）	1		
	2		
	3		
	4		
	5		
	6		
	7		
	8		
	9		
	10		

劳动任务实施计划得分（满分10分）：

备注：知识点、技能点、任务实施步骤可根据实际情况增减，可加附页，尽量填写详细。

劳动成果展示表

任务名称：			
任务类别：□ 个人任务　　　□ 团队任务			
个人姓名		班　级	
团队成员		班　级	

劳动成果展示 （满分10分）	

得　分：

头脑风暴：当今社会环境下如何正确看待劳动过程考核表

任务类别：□ 个人任务	□ 团队任务		
个人姓名		班　级	
团队成员		班　级	
阶段任务内容（满分50分）	阶段任务要求、完成情况等		得　分
收到任务，分析任务（5分）	收到任务后，小组成员分析任务，确定要完成的劳动内容，学习劳动方法		
信息资料收集（5分）	合理应用信息收集方法，按时完成资料收集任务，简要列出搜集资料名称内容		
形成头脑风暴小组（5分）	快速组建团队，在教师指定讨论地点坐好，成员推选记录员，记录员记录小组成员的发言要点		
小组研讨，形成劳动认识一览表（15分）	团队积极开展头脑风暴，内容全面覆盖劳动内涵、劳动要素、劳动教育目标、劳动教育价值，全体发言，内容记录完整		
录制视频（15分）	选择熟悉的媒体软件，通过视频阐述对劳动的认识，呈现方式丰富多彩，主题鲜明，视频录制清晰、内容完整、有较强的吸引力		
成果展示（5分）	按时完成，内容合理，格式规范		

总得分：

头脑风暴：当今社会环境下如何正确看待劳动

个人成绩评价表

姓　名		班　级	
劳动心得体会（总结本次劳动任务的完成情况，掌握了哪些知识和技能、锻炼了哪些能力、体验了哪方面的劳动精神等）（满分10分）			

得　分：

劳动任务个人完成效果多方评价 （满分20分）	评价要求	得　分
自我评价（5分）	1. 能认真参与劳动，积极学习相关的知识和技能 2. 能预先制定劳动计划，围绕劳动目标，有效地完成劳动	
同学（其他团队、小组）评价（5分）	3. 能通过网络、社会企业等多种途径调查搜集资料，并对搜集的信息进行有效整理，能从不同角度了解行业、产业和企业信息 4. 能在规定的时间内完成劳动任务，劳动记录及时、真实、完整，文字表达清晰准确	
教师评价（10分）	5. 在劳动过程中能虚心听取他人的建议，不断进行自我反省，发现问题能及时更正 6. 能高质量得完成劳动任务，成果显著并有创新	

总得分：

劳动任务成绩汇总

序　号	评价内容	赋　分	得　分
1	劳动任务实施计划	10	
2	劳动任务完成过程	50	
3	劳动成果	10	
4	劳动心得体会	10	
5	个人完成效果多方评价	20	
	合　计	100	

劳动法律现象辨析过程考核表

任务类别： □ 个人任务		□ 团队任务	
个人姓名		班　级	
团队成员		班　级	
阶段任务内容（满分50分）	阶段任务要求、完成情况等		得　分
案例阅读（10分）	认真阅读案例，能完整记录案件背景、事实、重要论点		
形成角色扮演小组（5分）	法官、法官助理、书记员的分工明确		
劳动法律学习（5分）	按照案例分析中提示的法律条款进行学习，态度认真，掌握条款内容，正确理解条款含义		
劳动现象法律辨析报告（20分）	内容填写完整，简要清晰，正确合理		
成果展示（10分）	案件辨析陈词准确凝练		

总 得 分：

劳动法律现象辨析
个人成绩评价表

姓　名		班　级	
劳动心得体会（总结本次劳动任务的完成情况，掌握了哪些知识和技能、锻炼了哪些能力、体验了哪方面的劳动精神等）（满分10分）			

得　分：

劳动任务个人完成效果多方评价（满分20分）	评价要求	得　分
自我评价（5分）	1. 能认真参与劳动，积极学习相关的知识和技能 2. 能预先制定劳动计划，围绕劳动目标，有效地完成劳动 3. 能通过网络、社会企业等多种途径调查搜集资料，并对搜集的信息进行有效整理，能从不同角度了解行业、产业和企业信息 4. 能在规定的时间内完成劳动任务，劳动记录及时、真实、完整，文字表达清晰准确 5. 在劳动过程中能虚心听取他人的建议，不断进行自我反省，发现问题能及时更正 6. 能高质量得完成劳动任务，成果显著并有创新	
同学（其他团队、小组）评价（5分）	~	
教师评价（10分）	~	

总得分：

劳动任务成绩汇总

序　号	评价内容	赋　分	得　分
1	劳动任务实施计划	10	
2	劳动任务完成过程	50	
3	劳动成果	10	
4	劳动心得体会	10	
5	个人完成效果多方评价	20	
	合　计	100	

制订学期劳动计划
过程考核表

任务类别： ☐ 个人任务		☐ 团队任务	
个人姓名		班 级	
团队成员		班 级	
阶段任务内容（满分50分）	阶段任务要求、完成情况等		得 分
任务计划单完成情况（10分）	《劳动实施计划表》填写完整，计划科学合理，描述简洁清晰，时间安排合理，可实施性强		
信息资料搜集（10分）	合理应用信息收搜方法，按时完成资料搜集任务，全面了解勤工助学和志愿服务		
问卷分析（5分）	认真填写劳动调查问卷，合理分析，确定任务方向		
小组研讨（5分）	积极开展头脑风暴，虚心听取他人意见，态度认真，积极参与		
形成劳动成果（20分）	科学合理制定学期劳动计划，劳动计划可实施性强		

总 得 分：

制订学期劳动计划
个人成绩评价表

姓　名		班　级	
劳动心得体会（总结本次劳动任务的完成情况，掌握了哪些知识和技能、锻炼了哪些能力、体验了哪方面的劳动精神等）（满分10分）			

得　分：

劳动任务个人完成效果多方评价（满分20分）	评价要求	得　分
自我评价（5分）	1. 能认真参与劳动，积极学习相关的知识和技能 2. 能预先制定劳动计划，围绕劳动目标，有效地完成劳动 3. 能通过网络、社会企业等多种途径调查搜集资料，并对搜集的信息进行有效整理，能从不同角度了解行业、产业和企业信息 4. 能在规定的时间内完成劳动任务，劳动记录及时、真实、完整，文字表达清晰准确 5. 在劳动过程中能虚心听取他人的建议，不断进行自我反省，发现问题能及时更正 6. 能高质量得完成劳动任务，成果显著并有创新	
同学（其他团队、小组）评价（5分）	:::	
教师评价（10分）	:::	

总 得 分：

劳动任务成绩汇总

序　号	评价内容	赋　分	得　分
1	劳动任务实施计划	10	
2	劳动任务完成过程	50	
3	劳动成果	10	
4	劳动心得体会	10	
5	个人完成效果多方评价	20	
	合　计	100	

制作劳动教育宣传板
过程考核表

任务类别： □ 个人任务		□ 团队任务		
个人姓名			班　级	
团队成员			班　级	
阶段任务内容（满分50分）		阶段任务要求、完成情况等		得　分
任务计划单完成情况（10分）		《劳动实施计划表》填写完整，计划科学合理，描述简洁清晰，时间安排合理，可实施性强		
小组研讨（10分）		构建组织框架，明确小组任务分工，确定任务主题		
信息资料搜集（10分）		合理应用信息搜集方法，按任务要求，搜集整理体验劳动过程记录		
形成劳动成果（20分）		利用PHOTOSHOP等制图软件完成劳动教育宣传板的制作		

总 得 分：

制作劳动教育宣传板
个人成绩评价表

姓　名		班　级	
劳动心得体会（总结本次劳动任务的完成情况，掌握了哪些知识和技能、锻炼了哪些能力、体验了哪方面的劳动精神等）（满分10分）			

得　分：

劳动任务个人完成效果多方评价（满分20分）	评价要求	得　分
自我评价（5分）	1. 能认真参与劳动，积极学习相关的知识和技能 2. 能预先制定劳动计划，围绕劳动目标，有效地完成劳动 3. 能通过网络、社会企业等多种途径调查搜集资料，并对搜集的信息进行有效整理，能从不同角度了解行业、产业和企业信息 4. 能在规定的时间内完成劳动任务，劳动记录及时、真实、完整，文字表达清晰准确 5. 在劳动过程中能虚心听取他人的建议，不断进行自我反省，发现问题能及时更正 6. 能高质量得完成劳动任务，成果显著并有创新	
同学（其他团队、小组）评价（5分）	^	
教师评价（10分）	^	

总得分：

劳动任务成绩汇总

序　号	评价内容	赋　分	得　分
1	劳动任务实施计划	10	
2	劳动任务完成过程	50	
3	劳动成果	10	
4	劳动心得体会	10	
5	个人完成效果多方评价	20	
	合　计	100	

汽车洗护
过程考核表

任务类别： □ 个人任务 　　　□ 团队任务			
个人姓名		班　级	
团队成员		班　级	
阶段任务内容（满分 50 分）	阶段任务要求、完成情况等		得　分
洗车工具使用（15 分）	仔细阅读洗车工具的使用方法说明，严格按照说明规范操作		
形成汽车洗护小组（5 分）	快速组建 3 人团队，分工明确，各负其责		
汽车洗护（15 分）	严格执行汽车洗护流程，没有不良操作，注意操作要点		
完工检查(10 分）	对照洗车完检表认真进行检查，全面覆盖检查项目，积极进行反馈处置，保证车辆洗护质量		
成果展示（5 分）	车辆洗护后，记录洗护车辆基本信息，并拍照留存		

总 得 分：

汽车洗护
个人成绩评价表

姓　名		班　级	
劳动心得体会（总结本次劳动任务的完成情况，掌握了哪些知识和技能、锻炼了哪些能力、体验了哪方面的劳动精神等）（满分10分）			

得　分：

劳动任务个人完成效果多方评价 （满分20分）	评价要求	得　分
自我评价（5分）	1. 能认真参与劳动，积极学习相关的知识和技能 2. 能预先制定劳动计划，围绕劳动目标，有效地完成劳动	
同学（其他团队、小组）评价（5分）	3. 能通过网络、社会企业等多种途径调查搜集资料，并对搜集的信息进行有效整理，能从不同角度了解行业、产业和企业信息 4. 能在规定的时间内完成劳动任务，劳动记录及时、真实、完整，文字表达清晰准确	
教师评价（10分）	5. 在劳动过程中能虚心听取他人的建议，不断进行自我反省，发现问题能及时更正 6. 能高质量得完成劳动任务，成果显著并有创新	

总得分：

劳动任务成绩汇总

序　号	评价内容	赋　分	得　分
1	劳动任务实施计划	10	
2	劳动任务完成过程	50	
3	劳动成果	10	
4	劳动心得体会	10	
5	个人完成效果多方评价	20	
	合　计	100	

人工智能编程应用
过程考核表

任务类别：☐ 个人任务		☐ 团队任务	
个人姓名		班 级	
团队成员		班 级	
阶段任务内容（满分50分）	阶段任务要求、完成情况等		得 分
设备准备情况（5分）	计算机设备准备齐全，计算机调试，工位整理等		
任务计划单完成情况（5分）	填写《劳动实施计划表》，计划要科学合理，符合任务制作流程，时间安排合理，可实施性强		
软件下载安装（10分）	软件安装正确，相关辅助资料下载完整		
编程基本功能（10分）	掌握软件的功能、软件基本的操作方法、能编写示例程序		
编程应用（10分）	能根据自己的设计要求编写程序，并且程序可在机器人实现预定动作		
8S管理（10分）	1. 整理计算机 2. 整顿工具 3. 清扫工作场所 4. 清洁工作台 5. 素养养成 6. 安全意识 7. 节约用电 8. 学习标准		

总 得 分：

人工智能编程应用
个人成绩评价表

姓　名		班　级	
劳动心得体会（总结本次劳动任务的完成情况，掌握了哪些知识和技能、锻炼了哪些能力、体验了哪方面的劳动精神等）（满分10分）			

得　分：

劳动任务个人完成效果多方评价（满分20分）	评价要求	得　分
自我评价（5分）	1. 能认真参与劳动，积极学习相关的知识和技能 2. 能预先制定劳动计划，围绕劳动目标，有效地完成劳动 3. 能通过网络、社会企业等多种途径调查搜集资料，并对搜集的信息进行有效整理，能从不同角度了解行业、产业和企业信息 4. 能在规定的时间内完成劳动任务，劳动记录及时、真实、完整，文字表达清晰准确 5. 在劳动过程中能虚心听取他人的建议，不断进行自我反省，发现问题能及时更正 6. 能高质量得完成劳动任务，成果显著并有创新	
同学（其他团队、小组）评价（5分）		
教师评价（10分）		

总得分：

劳动任务成绩汇总

序　号	评价内容	赋　分	得　分
1	劳动任务实施计划	10	
2	劳动任务完成过程	50	
3	劳动成果	10	
4	劳动心得体会	10	
5	个人完成效果多方评价	20	
	合　计	100	

营销策划
过程考核表

任务类别：□ 个人任务　　　　□ 团队任务

个人姓名		班　级	
团队成员		班　级	
阶段任务内容（满分50分）	阶段任务要求、完成情况等		得　分
小组研讨（5分）	态度认真、积极参与、讨论热烈有效果		
调研计划制订（5分）	调研计划制订合理，内容完整，呈现效果较好		
调研方法运用（5分）	有效利用调研方法开展调研，调研效果明显		
任务概要（5分）	产品基本情况准确可信；策划任务明确、预期目标可行；任务概要清晰、简洁、重点突出、具有吸引力		
营销现状分析（5分）	营销现状分析明了准确，列举的数据和事实有条理，把握了重点，分析符合客观实际		
SWOT分析（5分）	市场调查充分、数据真实；产品优势、劣势分析准确；思路清晰、分析要点齐全		
营销策划目标（5分）	营销策划目标具体明确，符合策划任务要求，与营销关键问题保持一致，切实可行		
营销战略与策略（5分）	目标市场选择与市场定位清晰准确；营销策略运用得当；营销组合设计合理而有创意		
具体行动方案（5分）	行动方案主题明确、内容具体、可操作性强；行动方案创意新颖、吸引目标顾客；行动方案与营销策划目标保持一致；行动方案设计思路清晰、逻辑性较强		
营销费用预算（5分）	营销费用预算依据可靠，采用明细列表形式；项目费用预算准确全面；总费用与营销目标匹配，体现营销策划方案的有效性		

总　得　分：

营销策划
个人成绩评价表

姓 名		班 级	
劳动心得体会（总结本次劳动任务的完成情况，掌握了哪些知识和技能、锻炼了哪些能力、体验了哪方面的劳动精神等）（满分10分）			

得 分：

劳动任务个人完成效果多方评价（满分20分）	评价要求	得 分
自我评价（5分）	1. 能认真参与劳动，积极学习相关的知识和技能 2. 能预先制定劳动计划，围绕劳动目标，有效地完成劳动 3. 能通过网络、社会企业等多种途径调查搜集资料，并对搜集的信息进行有效整理，能从不同角度了解行业、产业和企业信息 4. 能在规定的时间内完成劳动任务，劳动记录及时、真实、完整，文字表达清晰准确 5. 在劳动过程中能虚心听取他人的建议，不断进行自我反省，发现问题能及时更正 6. 能高质量得完成劳动任务，成果显著并有创新	
同学（其他团队、小组）评价（5分）	^	
教师评价（10分）	^	

总 得 分：

劳动任务成绩汇总

序 号	评价内容	赋 分	得 分
1	劳动任务实施计划	10	
2	劳动任务完成过程	50	
3	劳动成果	10	
4	劳动心得体会	10	
5	个人完成效果多方评价	20	
	合 计	100	

营销实践
过程考核表

任务类别：□ 个人任务　　□ 团队任务			
个人姓名		班 级	
团队成员		班 级	
阶段任务内容（满分 50 分）		阶段任务要求、完成情况等	得 分
产品采购（5 分）		产品获取方式是否合理可行；是否联合商家共同开展；是否得到商家的支持	
接货（5 分）		接货时是否进行有效验货（准确核对数量；检验商品外观及保质期等）；送货单填写是否准确	
营销摊位整理（10 分）		摊位位置设置是否合理可行；是否明显突出、干净整洁；是否有产品宣传广告	
理货（5 分）		产品摆放是否整齐、合理、有吸引力	
销售推广（10 分）		是否结合营销策划方案，有效应用推广方法与策略	
物品盘点（5 分）		剩余物资是否进行准确盘点，盘点单据填写是否准确	
账务核算（5 分）		财务核算是否准确	
8S（5 分）		整理、整顿、清洁、清扫、素养、安全、节约、学习	

总得分：

营销实践
个人成绩评价表

姓　名		班　级	
劳动心得体会（总结本次劳动任务的完成情况，掌握了哪些知识和技能、锻炼了哪些能力、体验了哪方面的劳动精神等）（满分10分）			

得　分：

劳动任务个人完成效果多方评价（满分20分）	评价要求	得　分
自我评价（5分）	1. 能认真参与劳动，积极学习相关的知识和技能 2. 能预先制定劳动计划，围绕劳动目标，有效地完成劳动	
同学（其他团队、小组）评价（5分）	3. 能通过网络、社会企业等多种途径调查搜集资料，并对搜集的信息进行有效整理，能从不同角度了解行业、产业和企业信息 4. 能在规定的时间内完成劳动任务，劳动记录及时、真实、完整，文字表达清晰准确	
教师评价（10分）	5. 在劳动过程中能虚心听取他人的建议，不断进行自我反省，发现问题能及时更正 6. 能高质量得完成劳动任务，成果显著并有创新	

总得分：

劳动任务成绩汇总

序　号	评价内容	赋　分	得　分
1	劳动任务实施计划	10	
2	劳动任务完成过程	50	
3	劳动成果	10	
4	劳动心得体会	10	
5	个人完成效果多方评价	20	
	合　计	100	

"断舍离"整理术过程考核表

任务类别：□ 个人任务　　　□ 团队任务			
个人姓名		班　级	
团队成员		班　级	
阶段任务内容（满分50分）	阶段任务要求、完成情况等		得　分
寻找原因（10分）	态度认真、积极参与、实事求是、有针对性		
归类整理（10分）	对房间里的东西进行归类，具体分为哪几类		
准备工具（5分）	准备好打扫和整理房间的工具，比如扫把、拖地水等		
清扫除尘（10分）	注意安全性，由里到外、由高到低、有条理		
打扫地面（10分）	注意安全和打扫的先后顺序，高效整洁、一步到位		
归位摆放（5分）	要整齐且有规律、布局合理、一目了然		
总得分：			

"断舍离"整理术
个人成绩评价表

姓　名		班　级	
劳动心得体会（总结本次劳动任务的完成情况，掌握了哪些知识和技能、锻炼了哪些能力、体验了哪方面的劳动精神等）（满分10分）			

得　分：

劳动任务个人完成效果多方评价（满分20分）	评价要求	得　分
自我评价（5分）	1. 能认真参与劳动，积极学习相关的知识和技能 2. 能预先制定劳动计划，围绕劳动目标，有效地完成劳动	
同学（其他团队、小组）评价（5分）	3. 能通过网络、社会企业等多种途径调查搜集资料，并对搜集的信息进行有效整理，能从不同角度了解行业、产业和企业信息 4. 能在规定的时间内完成劳动任务，劳动记录及时、真实、完整，文字表达清晰准确	
教师评价（10分）	5. 在劳动过程中能虚心听取他人的建议，不断进行自我反省，发现问题能及时更正 6. 能高质量得完成劳动任务，成果显著并有创新	

总 得 分：

劳动任务成绩汇总

序　号	评价内容	赋　分	得　分
1	劳动任务实施计划	10	
2	劳动任务完成过程	50	
3	劳动成果	10	
4	劳动心得体会	10	
5	个人完成效果多方评价	20	
	合　计	100	

烹饪技能
过程考核表

任务类别：☐ 个人任务		☐ 团队任务	
个人姓名		班 级	
团队成员		班 级	
阶段任务内容（满分50分）	阶段任务要求、完成情况等		得 分
准备食材（5分）	分工合理、食材新鲜、根据本组人数合理规划食材分量、不宜浪费		
清洗备料（10分）	按照食材特性，清洗、摘切，细致合理地做好烹饪前准备		
燎牛肉（10分）	掌握火候大小、时间长短		
制作酱料、调味汁（10分）	严格按照前后顺序配制酱料和调味汁，并合理分配，不宜浪费		
炒香压制（10分）	注意食材放置的先后顺序及火候，合理规划时间		
成品装盘（5分）	干净整洁，合理搭配，争取做到色香味俱全		
总得分：			

烹饪技能
个人成绩评价表

姓　名		班　级	
劳动心得体会（总结本次劳动任务的完成情况，掌握了哪些知识和技能、锻炼了哪些能力、体验了哪方面的劳动精神等）（满分10分）			

得　分：

劳动任务个人完成效果多方评价 （满分20分）	评价要求	得　分
自我评价（5分）	1. 能认真参与劳动，积极学习相关的知识和技能 2. 能预先制定劳动计划，围绕劳动目标，有效地完成劳动 3. 能通过网络、社会企业等多种途径调查搜集资料，并对搜集的信息进行有效整理，能从不同角度了解行业、产业和企业信息 4. 能在规定的时间内完成劳动任务，劳动记录及时、真实、完整，文字表达清晰准确 5. 在劳动过程中能虚心听取他人的建议，不断进行自我反省，发现问题能及时更正 6. 能高质量得完成劳动任务，成果显著并有创新	
同学（其他团队、小组）评价（5分）	^	
教师评价（10分）	^	

总 得 分：

劳动任务成绩汇总

序　号	评价内容	赋　分	得　分
1	劳动任务实施计划	10	
2	劳动任务完成过程	50	
3	劳动成果	10	
4	劳动心得体会	10	
5	个人完成效果多方评价	20	
	合　计	100	

垃圾分类讲解员过程考核表

任务类别:	□ 个人任务	□ 团队任务	
个人姓名		班　级	
团队成员		班　级	
阶段任务内容（满分50分）	阶段任务要求、完成情况等		得　分
收到任务，分析任务（5分）	收到任务后，小组成员分析任务，确定要完成的劳动内容，学习劳动方法		
信息资料收集（5分）	合理应用信息收集方法，按时完成资料收集任务，简要列出搜集资料名称内容		
垃圾分类讲解词编写（10分）	主题标语新颖、意义阐述清晰、垃圾分类标识及投放要求讲解详细具体		
垃圾分类讲解方案(10分)	方案制订规范、实施性较强，主题、目的、时间地点、讲解形式、人员安排等充分体现		
现场讲解（20分）	社区宣传，讲解到位，引导群众垃圾分类投放，效果较好		

总得分：

垃圾分类讲解员
个人成绩评价表

姓　名		班　级	
劳动心得体会（总结本次劳动任务的完成情况，掌握了哪些知识和技能、锻炼了哪些能力、体验了哪方面的劳动精神等）（满分10分）			

得　分：

劳动任务个人完成效果多方评价（满分20分）	评价要求	得　分
自我评价（5分）	1. 能认真参与劳动，积极学习相关的知识和技能 2. 能预先制定劳动计划，围绕劳动目标，有效地完成劳动	
同学（其他团队、小组）评价（5分）	3. 能通过网络、社会企业等多种途径调查搜集资料，并对搜集的信息进行有效整理，能从不同角度了解行业、产业和企业信息 4. 能在规定的时间内完成劳动任务，劳动记录及时、真实、完整，文字表达清晰准确	
教师评价（10分）	5. 在劳动过程中能虚心听取他人的建议，不断进行自我反省，发现问题能及时更正 6. 能高质量得完成劳动任务，成果显著并有创新	

总 得 分：

劳动任务成绩汇总

序　号	评价内容	赋　分	得　分
1	劳动任务实施计划	10	
2	劳动任务完成过程	50	
3	劳动成果	10	
4	劳动心得体会	10	
5	个人完成效果多方评价	20	
	合　计	100	

疫情防控领航员过程考核表

任务类别：□ 个人任务 □ 团队任务		
个人姓名		班 级
团队成员		班 级
阶段任务内容（满分50分）	阶段任务要求、完成情况等	得 分
任务计划单完成情况 （10分）	《劳动实施计划表》填写完整，计划科学合理，描述简洁清晰，时间安排合理，可实施性强	
信息资料搜集 （20分）	通过查阅图书、访问互联网、聆听专题讲座等多种途径了解和掌握疫情防控常识	
形成劳动成果 （20分）	通过理论研究学习、对现状及问题的分析，从疫情防控的总体要求出发，探究成为疫情防控领航员的途径，并将其方法和有效途径应用到学习、生活和工作中	
总 得 分：		

疫情防控领航员
个人成绩评价表

姓　名		班　级	
劳动心得体会（总结本次劳动任务的完成情况，掌握了哪些知识和技能、锻炼了哪些能力、体验了哪方面的劳动精神等）（满分10分）			

得　分：

劳动任务个人完成效果多方评价（满分20分）	评价要求	得　分
自我评价（5分）	1. 能认真参与劳动，积极学习相关的知识和技能 2. 能预先制定劳动计划，围绕劳动目标，有效地完成劳动 3. 能通过网络、社会企业等多种途径调查搜集资料，并对搜集的信息进行有效整理，能从不同角度了解行业、产业和企业信息 4. 能在规定的时间内完成劳动任务，劳动记录及时、真实、完整，文字表达清晰准确 5. 在劳动过程中能虚心听取他人的建议，不断进行自我反省，发现问题能及时更正 6. 能高质量得完成劳动任务，成果显著并有创新	
同学（其他团队、小组）评价（5分）	^	
教师评价（10分）	^	

总 得 分：

劳动任务成绩汇总

序　号	评价内容	赋　分	得　分
1	劳动任务实施计划	10	
2	劳动任务完成过程	50	
3	劳动成果	10	
4	劳动心得体会	10	
5	个人完成效果多方评价	20	
	合　计	100	

陶艺制作过程考核表

任务类别：□ 个人任务　　　□ 团队任务		
个人姓名		班　级	
团队成员		班　级	

阶段任务内容（满分50分）	阶段任务要求、完成情况等	得　分
组建团队 （10分）	快速组建团队，在教师指定讨论位置坐好，成员推选组长，组长愿意承担团队管理任务	
材料以及工具准备 （10分）	每组的材料以及相关工具准备是否齐全	
产品制作完成情况 （30分）	根据要求，完成产品设计和制作，根据产品样式、质量进行考核	

总得分：

陶艺制作
个人成绩评价表

姓 名		班 级	
劳动心得体会（总结本次劳动任务的完成情况，掌握了哪些知识和技能、锻炼了哪些能力、体验了哪方面的劳动精神等）（满分10分）			

得 分：

劳动任务个人完成效果多方评价（满分20分）	评价要求	得 分
自我评价（5分）	1. 能认真参与劳动，积极学习相关的知识和技能 2. 能预先制定劳动计划，围绕劳动目标，有效地完成劳动	
同学（其他团队、小组）评价（5分）	3. 能通过网络、社会企业等多种途径调查搜集资料，并对搜集的信息进行有效整理，能从不同角度了解行业、产业和企业信息 4. 能在规定的时间内完成劳动任务，劳动记录及时、真实、完整，文字表达清晰准确	
教师评价（10分）	5. 在劳动过程中能虚心听取他人的建议，不断进行自我反省，发现问题能及时更正 6. 能高质量得完成劳动任务，成果显著并有创新	

总 得 分：

劳动任务成绩汇总

序 号	评价内容	赋 分	得 分
1	劳动任务实施计划	10	
2	劳动任务完成过程	50	
3	劳动成果	10	
4	劳动心得体会	10	
5	个人完成效果多方评价	20	
	合　计	100	

木艺孔明锁制作过程考核表

任务类别：□ 个人任务	□ 团队任务	
个人姓名		班级	
团队成员		班级	

阶段任务内容（满分50分）	阶段任务要求、完成情况等	得分
工具设备准备情况（5分）	工具和设备准备齐全，按要求摆放，设备安全检查，设备调试，工位整理等	
任务计划单完成情况（5分）	《劳动实施计划表》填写完整，计划科学合理，描述简洁清晰，符合任务制作流程，时间安排合理，可实施性强	
木料画线（10分）	尺寸准确，方法规范，画线清晰明显，线宽均匀宽度统一	
木料切割（10分）	带锯机使用正确，操作规范，安全保护完整，切割边界准确，保留了合理的打磨余量，切割"梳子"状锯齿均匀	
木料打磨（10分）	锉刀和F型木工夹工具使用正确，打磨认真，打磨面光滑平整，尺寸准确，成品装配松紧合适，未加工部分完整清洁	
6S管理（10分）	1. 整理工作台：空间活用，防止误用，工作场所清爽美观 2. 整顿工具：依规定位置摆放，并放置整齐加以标识，工作环境整齐，消除过多的积压物品 3. 清扫工作场所：将木屑、灰尘、垃圾等清扫干净，保持工作场所干净、亮丽的环境 4. 清洁工作台、工具和设备：将整理、整顿、清扫进行到底，贯穿整个劳动过程 5. 素养养成，养成良好的习惯，遵守劳动规则，劳动主动性，营造团队精神 6. 安全意识：安全操作，使用水、电、电动设备、工具等注意事项，防火、防盗、急救等安全意识	

总得分：

木艺孔明锁制作
个人成绩评价表

姓 名		班 级	
劳动心得体会（总结本次劳动任务的完成情况，掌握了哪些知识和技能、锻炼了哪些能力、体验了哪方面的劳动精神等）（满分10分）			

得 分：

劳动任务个人完成效果多方评价（满分20分）	评价要求	得 分
自我评价（5分）	1. 能认真参与劳动，积极学习相关的知识和技能 2. 能预先制定劳动计划，围绕劳动目标，有效地完成劳动 3. 能通过网络、社会企业等多种途径调查搜集资料，并对搜集的信息进行有效整理，能从不同角度了解行业、产业和企业信息 4. 能在规定的时间内完成劳动任务，劳动记录及时、真实、完整，文字表达清晰准确 5. 在劳动过程中能虚心听取他人的建议，不断进行自我反省，发现问题能及时更正 6. 能高质量得完成劳动任务，成果显著并有创新	
同学（其他团队、小组）评价（5分）	^	
教师评价（10分）	^	

总 得 分：

劳动任务成绩汇总

序 号	评价内容	赋 分	得 分
1	劳动任务实施计划	10	
2	劳动任务完成过程	50	
3	劳动成果	10	
4	劳动心得体会	10	
5	个人完成效果多方评价	20	
	合 计	100	

寻找本专业技能大师过程考核表

任务类别：☐ 个人任务　　　☐ 团队任务		
个人姓名		班　级
团队成员		班　级
阶段任务内容（满分50分）	阶段任务要求、完成情况等	得　分
确定寻找小组（5分）	快速组建团队，在教师指定讨论地点坐好，成员推选组长迅速，组长愿意承担团队管理任务	
收到任务，分析任务（5分）	收到任务后，小组成员分析任务，确定要完成的劳动内容，学习相关劳动方法	
信息资料收集（5分）	合理应用信息收集方法，按时完成资料收集任务，列出本专业技能大师名单（多个专业技能大师）	
小组研讨，完成专业技能大师寻找方案（15分）	团队讨论积极热烈，确定本次寻找的技能大师，按时完成的专业技能大师寻找方案，内容合理可行，格式规范	
落实方案，寻找技能大师相关资料（5分）	按照寻找方案，完成寻找任务，收集专业技能大师资料	
完成专业技能大师简介（15分）	按时完成，内容合理，格式规范	

总得分：

寻找本专业技能大师
个人成绩评价表

姓 名		班 级	
劳动心得体会（总结本次劳动任务的完成情况，掌握了哪些知识和技能、锻炼了哪些能力、体验了哪方面的劳动精神等）（满分10分）			

得 分：

劳动任务个人完成效果多方评价（满分20分）	评价要求	得 分
自我评价（5分）	1. 能认真参与劳动，积极学习相关的知识和技能 2. 能预先制定劳动计划，围绕劳动目标，有效地完成劳动 3. 能通过网络、社会企业等多种途径调查搜集资料，并对搜集的信息进行有效整理，能从不同角度了解行业、产业和企业信息 4. 能在规定的时间内完成劳动任务，劳动记录及时、真实、完整，文字表达清晰准确 5. 在劳动过程中能虚心听取他人的建议，不断进行自我反省，发现问题能及时更正 6. 能高质量得完成劳动任务，成果显著并有创新	
同学（其他团队、小组）评价（5分）	^	
教师评价（10分）	^	

总 得 分：

劳动任务成绩汇总

序 号	评价内容	赋 分	得 分
1	劳动任务实施计划	10	
2	劳动任务完成过程	50	
3	劳动成果	10	
4	劳动心得体会	10	
5	个人完成效果多方评价	20	
	合 计	100	

观摩大师精湛技艺
过程考核表

任务类别: □ 个人任务	□ 团队任务	
个人姓名		班　级	
团队成员		班　级	

阶段任务内容（满分50分）	阶段任务要求、完成情况等	得　分
出勤情况（10分）	按时、按要求参加现场观摩	
现场表现（10分）	观摩时态度积极，记录认真，参与度高	
观摩记录表内容完整度（10分）	记录表项目填写准确完整	
观摩过程记录（10分）	过程记录详细、准确，呈现效果清晰	
成果评价（10分）	对于成果，评价准确合理，语言描述清晰	

总 得 分：

观摩大师精湛技艺
个人成绩评价表

姓　名		班　级	
劳动心得体会（总结本次劳动任务的完成情况，掌握了哪些知识和技能、锻炼了哪些能力、体验了哪方面的劳动精神等）（满分10分）			

得　分：

劳动任务个人完成效果多方评价 （满分20分）	评价要求	得　分
自我评价（5分）	1. 能认真参与劳动，积极学习相关的知识和技能 2. 能预先制定劳动计划，围绕劳动目标，有效地完成劳动 3. 能通过网络、社会企业等多种途径调查搜集资料，并对搜集的信息进行有效整理，能从不同角度了解行业、产业和企业信息 4. 能在规定的时间内完成劳动任务，劳动记录及时、真实、完整，文字表达清晰准确 5. 在劳动过程中能虚心听取他人的建议，不断进行自我反省，发现问题能及时更正 6. 能高质量得完成劳动任务，成果显著并有创新	
同学（其他团队、小组）评价（5分）	^	
教师评价（10分）	^	

总 得 分：

劳动任务成绩汇总

序　号	评价内容	赋　分	得　分
1	劳动任务实施计划	10	
2	劳动任务完成过程	50	
3	劳动成果	10	
4	劳动心得体会	10	
5	个人完成效果多方评价	20	
	合　计	100	

对身边的劳动模范进行访谈过程考核表

任务类别：□ 个人任务　　□ 团队任务		
个人姓名		班　级
团队成员		班　级
阶段任务内容（满分50分）	阶段任务要求、完成情况等	得　分
确定访谈小组（5分）	快速组建团队，在教师指定讨论地点坐好，成员推选组长迅速，组长愿意承担团队管理任务	
收到任务，分析任务（5分）	收到任务后，小组成员分析任务，确定要完成的劳动内容，学习相关劳动方法	
信息资料收集（5分）	合理应用信息收集方法，按时完成资料收集任务，列出身边的劳动模范姓名及简介	
小组研讨，确定访谈方案（15分）	团队讨论积极热烈，确定本次访谈劳动模范，按时完成访谈方案，内容合理可行，格式规范	
落实方案，进行劳模访谈（5分）	按照访谈方案，完成访谈任务，进行过程记录	
完成劳动模范访谈记录表（15分）	按时完成，内容合理，格式规范	
总　得　分：		

对身边的劳动模范进行访谈
个人成绩评价表

姓 名		班 级	
劳动心得体会（总结本次劳动任务的完成情况，掌握了哪些知识和技能、锻炼了哪些能力、体验了哪方面的劳动精神等）（满分10分）			

得 分：

劳动任务个人完成效果多方评价（满分20分）	评价要求	得 分
自我评价（5分）	1. 能认真参与劳动，积极学习相关的知识和技能 2. 能预先制定劳动计划，围绕劳动目标，有效地完成劳动 3. 能通过网络、社会企业等多种途径调查搜集资料，并对搜集的信息进行有效整理，能从不同角度了解行业、产业和企业信息 4. 能在规定的时间内完成劳动任务，劳动记录及时、真实、完整，文字表达清晰准确 5. 在劳动过程中能虚心听取他人的建议，不断进行自我反省，发现问题能及时更正 6. 能高质量得完成劳动任务，成果显著并有创新	
同学（其他团队、小组）评价（5分）	^	
教师评价（10分）	^	

总 得 分：

劳动任务成绩汇总

序 号	评价内容	赋 分	得 分
1	劳动任务实施计划	10	
2	劳动任务完成过程	50	
3	劳动成果	10	
4	劳动心得体会	10	
5	个人完成效果多方评价	20	
	合 计	100	

与劳模一起工作
过程考核表

任务类别： □ 个人任务		□ 团队任务	
个人姓名		班　级	
团队成员		班　级	
阶段任务内容（满分50分）	阶段任务要求、完成情况等		得　分
出勤情况（10分）	按时、按要求参加现场观摩		
工作表现（10分）	态度积极，工作认真，参与度高		
工作效果（10分）	记录表项目填写准确完整		
工作总结（20分）	总结详细、具体，语言表述真实、生动，内容完整合理，呈现效果较好		

总 得 分：

与劳模一起工作
个人成绩评价表

姓 名		班 级	
劳动心得体会（总结本次劳动任务的完成情况，掌握了哪些知识和技能、锻炼了哪些能力、体验了哪方面的劳动精神等）（满分10分）			

得 分：

劳动任务个人完成效果多方评价（满分20分）	评价要求	得 分
自我评价（5分）	1. 能认真参与劳动，积极学习相关的知识和技能 2. 能预先制定劳动计划，围绕劳动目标，有效地完成劳动 3. 能通过网络、社会企业等多种途径调查搜集资料，并对搜集的信息进行有效整理，能从不同角度了解行业、产业和企业信息 4. 能在规定的时间内完成劳动任务，劳动记录及时、真实、完整，文字表达清晰准确 5. 在劳动过程中能虚心听取他人的建议，不断进行自我反省，发现问题能及时更正 6. 能高质量得完成劳动任务，成果显著并有创新	
同学（其他团队、小组）评价（5分）	~	
教师评价（10分）	~	

总 得 分：

劳动任务成绩汇总

序 号	评价内容	赋 分	得 分
1	劳动任务实施计划	10	
2	劳动任务完成过程	50	
3	劳动成果	10	
4	劳动心得体会	10	
5	个人完成效果多方评价	20	
	合 计	100	

合法设计标识过程考核表

任务类别: □ 个人任务		□ 团队任务	
个人姓名		班 级	
团队成员		班 级	
阶段任务内容（满分50分）	阶段任务要求、完成情况等		得 分
下载安装软件（5分）	合法下载软件，并正确安装		
小组讨论（10分）	态度认真、积极参与、设计合理，内容完整，呈现效果较好		
设计班徽（20分）	能够正确使用软件，遇到问题有耐心，积极解决		
展示说明（15分）	思路清晰、简洁、重点突出、具有吸引力		

总 得 分：

合法设计标识
个人成绩评价表

姓　名		班　级	
劳动心得体会（总结本次劳动任务的完成情况，掌握了哪些知识和技能、锻炼了哪些能力、体验了哪方面的劳动精神等）（满分10分）			

得　分：

劳动任务个人完成效果多方评价（满分20分）	评价要求	得　分
自我评价（5分）	1. 能认真参与劳动，积极学习相关的知识和技能 2. 能预先制定劳动计划，围绕劳动目标，有效地完成劳动 3. 能通过网络、社会企业等多种途径调查搜集资料，并对搜集的信息进行有效整理，能从不同角度了解行业、产业和企业信息 4. 能在规定的时间内完成劳动任务，劳动记录及时、真实、完整，文字表达清晰准确 5. 在劳动过程中能虚心听取他人的建议，不断进行自我反省，发现问题能及时更正 6. 能高质量得完成劳动任务，成果显著并有创新	
同学（其他团队、小组）评价（5分）	:::	
教师评价（10分）	:::	

总 得 分：

劳动任务成绩汇总

序　号	评价内容	赋　分	得　分
1	劳动任务实施计划	10	
2	劳动任务完成过程	50	
3	劳动成果	10	
4	劳动心得体会	10	
5	个人完成效果多方评价	20	
	合　计	100	

合法快递
过程考核表

任务类别: □ 个人任务		□ 团队任务	
个人姓名		班 级	
团队成员		班 级	
阶段任务内容（满分50分）	阶段任务要求、完成情况等		得 分
工作准备（10分）	确保通讯工具、交通工具的工作状态良好，确认面单、封装物、胶带、电子秤、工具刀等以及价目表、宣传册、发票等物料票据准备齐全		
快件核查（10分）	确认客户寄递的快件是否在快递网络派送区域之内，对不在服务区域内的快件可向客户提供解决方案或不予收寄		
快件分拣（10分）	处理中心工作人员对快件进行分拣封发工作，包括到件接收、分拣、封装、发运等		
快件投递（20分）	快递员对于本区域的快件提供上门投递服务，在投递过程中要确保人员及快件的安全		

总 得 分:

合法快递
个人成绩评价表

姓 名		班 级	
劳动心得体会（总结本次劳动任务的完成情况，掌握了哪些知识和技能、锻炼了哪些能力、体验了哪方面的劳动精神等）（满分10分）			

得 分：

劳动任务个人完成效果多方评价（满分20分）	评价要求	得 分
自我评价（5分）	1. 能认真参与劳动，积极学习相关的知识和技能 2. 能预先制定劳动计划，围绕劳动目标，有效地完成劳动 3. 能通过网络、社会企业等多种途径调查搜集资料，并对搜集的信息进行有效整理，能从不同角度了解行业、产业和企业信息 4. 能在规定的时间内完成劳动任务，劳动记录及时、真实、完整，文字表达清晰准确 5. 在劳动过程中能虚心听取他人的建议，不断进行自我反省，发现问题能及时更正 6. 能高质量得完成劳动任务，成果显著并有创新	
同学（其他团队、小组）评价（5分）	:::	
教师评价（10分）	:::	

总 得 分：

劳动任务成绩汇总

序 号	评价内容	赋 分	得 分
1	劳动任务实施计划	10	
2	劳动任务完成过程	50	
3	劳动成果	10	
4	劳动心得体会	10	
5	个人完成效果多方评价	20	
	合 计	100	

换灯具
过程考核表

任务类别：□ 个人任务　　□ 团队任务			
个人姓名		班　级	
团队成员		班　级	

阶段任务内容（满分50分）	阶段任务要求、完成情况等	得　分
掌握基本电路知识，明确电器统一标识（10分）	学习基本电路知识，明确电器电线统一标识，了解不同灯具的更换方法	
完成实施计划表（10分）	《劳动实施计划表》填写完整，计划科学合理，描述简洁清晰，符合劳动流程，时间安排合理，可实施性强	
更换灯具（20分）	注重安全性，严格按照步骤完成	
做好紧急应对（10分）	不用手或导电物接触、探试电源插座内部；不用湿手触摸电器，不用湿布擦拭电器；更换前务必进行总电源断电	

总得分：

单元四　养成良好的劳动品质

主题2　安全劳动

换灯具
个人成绩评价表

姓　名		班　级	
劳动心得体会（总结本次劳动任务的完成情况，掌握了哪些知识和技能、锻炼了哪些能力、体验了哪方面的劳动精神等）（满分10分）			

得　分：

劳动任务个人完成效果多方评价 （满分20分）	评价要求	得　分
自我评价（5分）	1. 能认真参与劳动，积极学习相关的知识和技能 2. 能预先制定劳动计划，围绕劳动目标，有效地完成劳动 3. 能通过网络、社会企业等多种途径调查搜集资料，并对搜集的信息进行有效整理，能从不同角度了解行业、产业和企业信息 4. 能在规定的时间内完成劳动任务，劳动记录及时、真实、完整，文字表达清晰准确 5. 在劳动过程中能虚心听取他人的建议，不断进行自我反省，发现问题能及时更正 6. 能高质量得完成劳动任务，成果显著并有创新	
同学（其他团队、小组）评价（5分）	^	
教师评价（10分）	^	

总 得 分：

劳动任务成绩汇总

序　号	评价内容	赋　分	得　分
1	劳动任务实施计划	10	
2	劳动任务完成过程	50	
3	劳动成果	10	
4	劳动心得体会	10	
5	个人完成效果多方评价	20	
	合　计	100	

户外安全摄影
过程考核表

任务类别：☐ 个人任务　　　☐ 团队任务		
个人姓名		班　级
团队成员		班　级

阶段任务内容（满分50分）	阶段任务要求、完成情况等	得　分
制定户外摄影计划（10分）	《劳动实施计划表》填写完整，计划科学合理，描述简洁清晰，符合劳动流程，时间安排合理，可实施性强	
准备器材、服装、安全保障措施（10分）	带好照相机、三脚架、反光板等摄影设备；备好防寒服装、水以及急救药箱	
拍摄（20分）	做好团队协作及分工，认真学习构图及摄影技巧，要有耐心和信心，拍摄出满意的作品	
安全应急预案（10分）	拍摄时注意镜头不要刮划；固定好拍摄器材防止掉落；如到危险地点要集体行动、注意安全	

总　得　分：

户外安全摄影
个人成绩评价表

姓 名		班 级	
劳动心得体会（总结本次劳动任务的完成情况，掌握了哪些知识和技能、锻炼了哪些能力、体验了哪方面的劳动精神等）（满分10分）			

得 分：

劳动任务个人完成效果多方评价（满分20分）	评价要求	得 分
自我评价（5分）	1. 能认真参与劳动，积极学习相关的知识和技能 2. 能预先制定劳动计划，围绕劳动目标，有效地完成劳动	
同学（其他团队、小组）评价（5分）	3. 能通过网络、社会企业等多种途径调查搜集资料，并对搜集的信息进行有效整理，能从不同角度了解行业、产业和企业信息 4. 能在规定的时间内完成劳动任务，劳动记录及时、真实、完整，文字表达清晰准确	
教师评价（10分）	5. 在劳动过程中能虚心听取他人的建议，不断进行自我反省，发现问题能及时更正 6. 能高质量得完成劳动任务，成果显著并有创新	

总 得 分：

劳动任务成绩汇总

序 号	评价内容	赋 分	得 分
1	劳动任务实施计划	10	
2	劳动任务完成过程	50	
3	劳动成果	10	
4	劳动心得体会	10	
5	个人完成效果多方评价	20	
	合 计	100	

种植蔬菜
过程考核表

任务类别：□ 个人任务　　　　□ 团队任务

个人姓名		班　级	
团队成员		班　级	

阶段任务内容（满分50分）	阶段任务要求、完成情况等	得　分
完成实施计划表（5分）	《劳动实施计划表》填写完整，计划科学合理，描述简洁清晰，符合小组合作劳动流程，时间安排合理，可实施性强	
准备工具（5分）	选取一块适宜种菜的空地；可以挖土或翻土的锄头或铲子；可以拨土的耙子	
选种（5分）	根据场地大小选取适宜的种子，请在专业的种子行购买	
播种或栽种（10分）	按照操作步骤、细致平整、有条不紊地进行	
灌溉（5分）	可用洒水的方式，但不要用很强的水柱冲刷土壤或植株，可接上莲蓬头状的洒水器，均匀有序地进行	
施肥（5分）	可以施用化学肥及有机肥，禁止过量施肥或洒到叶子上	
除草及病虫害（5分）	要及时发现，及时除草，一旦发现病虫害，要及时喷药	
收割（10分）	一般蔬菜收割时是用刀子从根和叶之间切除，不能离根太远，会造成叶子脱落，也不要保留太多根部	

总 得 分：

单元四　养成良好的劳动品质

主题3　辛勤劳动

种植蔬菜
个人成绩评价表

姓 名		班 级	
劳动心得体会（总结本次劳动任务的完成情况，掌握了哪些知识和技能、锻炼了哪些能力、体验了哪方面的劳动精神等）（满分10分）			

得 分：

劳动任务个人完成效果多方评价（满分20分）	评价要求	得 分
自我评价（5分）	1. 能认真参与劳动，积极学习相关的知识和技能 2. 能预先制定劳动计划，围绕劳动目标，有效地完成劳动	
同学（其他团队、小组）评价（5分）	3. 能通过网络、社会企业等多种途径调查搜集资料，并对搜集的信息进行有效整理，能从不同角度了解行业、产业和企业信息 4. 能在规定的时间内完成劳动任务，劳动记录及时、真实、完整，文字表达清晰准确	
教师评价（10分）	5. 在劳动过程中能虚心听取他人的建议，不断进行自我反省，发现问题能及时更正 6. 能高质量得完成劳动任务，成果显著并有创新	

总 得 分：

劳动任务成绩汇总

序 号	评价内容	赋 分	得 分
1	劳动任务实施计划	10	
2	劳动任务完成过程	50	
3	劳动成果	10	
4	劳动心得体会	10	
5	个人完成效果多方评价	20	
	合 计	100	

实训室"8S"管理过程考核表

任务类别：□ 个人任务　　□ 团队任务			
个人姓名		班　级	
团队成员		班　级	
阶段任务内容（满分50分）	阶段任务要求、完成情况等		得　分
收到任务，分析任务（5分）	收到任务后，小组成员分析任务，确定要完成的劳动内容，学习实训室8S管理方法		
学习实训设备安全操作规程（10分）	认真阅读安全操作规程，熟记每一项要求		
设备操作（10分）	不出现错误操作及重复动作，合理合规正确操作		
清扫实训室（10分）	达到清扫标准，整洁干净		
清洁实训室（5分）	门窗玻璃无破损、无灰尘，地面无积水、无垃圾		
填写实训室日志(10分)	规范填写，记录详尽		
总　得　分：			

实训室"8S"管理个人成绩评价表

姓 名		班 级	
劳动心得体会（总结本次劳动任务的完成情况，掌握了哪些知识和技能、锻炼了哪些能力、体验了哪方面的劳动精神等）（满分10分）			

得 分：

劳动任务个人完成效果多方评价（满分20分）	评价要求	得 分
自我评价（5分）	1. 能认真参与劳动，积极学习相关的知识和技能 2. 能预先制定劳动计划，围绕劳动目标，有效地完成劳动	
同学（其他团队、小组）评价（5分）	3. 能通过网络、社会企业等多种途径调查搜集资料，并对搜集的信息进行有效整理，能从不同角度了解行业、产业和企业信息 4. 能在规定的时间内完成劳动任务，劳动记录及时、真实、完整，文字表达清晰准确	
教师评价（10分）	5. 在劳动过程中能虚心听取他人的建议，不断进行自我反省，发现问题能及时更正 6. 能高质量得完成劳动任务，成果显著并有创新	

总 得 分：

劳动任务成绩汇总

序 号	评价内容	赋 分	得 分
1	劳动任务实施计划	10	
2	劳动任务完成过程	50	
3	劳动成果	10	
4	劳动心得体会	10	
5	个人完成效果多方评价	20	
	合 计	100	

小组协作植树
过程考核表

任务类别： ☐ 个人任务　　　　☐ 团队任务			
个人姓名		班　级	
团队成员		班　级	

阶段任务内容（满分50分）	阶段任务要求、完成情况等	得　分
工具材料情况（5分）	工具和树苗准备齐全，按要求摆放	
任务计划单完成情况（5分）	《劳动实施计划表》填写完整，计划科学合理，描述简洁清晰，符合小组合作劳动流程，时间安排合理，可实施性强	
挖树坑、解草绳、打水（10分）	挖出的树坑大小、深度适宜，距离适当；完整保护树苗，草绳拆除干净，没有破坏树根；打水操作规范，稳定性好，撒出的水少。小组成员各司其职，效率高，速度快	
树苗入坑、一次培土、提苗、围堰（10分）	种植的树木直立、不歪斜；正确地完成提苗操作；围堰整齐，高度适当。小组成员按时完成任务，互相创造有利的工作条件，保证劳动质量，严格要求自己	
浇透水、二次培土、给树上支架（10分）	浇水量适当，培土被压实；支架捆绑牢固整齐。小组成员相互协助，沟通顺畅，配合良好	
6S管理（10分）	1. 整理：将种植场所的任何物品区分为有必要和没有必要的，除了将有必要的留下来，其他的都消除掉 2. 整顿工具：将所有的工具（包括铁锹、水桶等）、放回原处保存，并放置整齐加以标识 3. 清扫工作场所：将杂草、草绳、塑料袋等清扫干净，保持种植场所干净、亮丽 4. 清洁工具：将整理、整顿、清扫进行到底，贯穿整个劳动过程 5. 素养养成：养成良好的习惯，遵守劳动规则，具有劳动主动性，学会相互协作 6. 安全意识：进行安全操作；学习使用工具、材料的注意事项；具备防火、防盗、急救等安全意识	

总 得 分：

小组协作植树
个人成绩评价表

姓　名		班　级	
劳动心得体会（总结本次劳动任务的完成情况，掌握了哪些知识和技能、锻炼了哪些能力、体验了哪方面的劳动精神等）（满分10分）			

得　分：

劳动任务个人完成效果多方评价 （满分20分）	评价要求	得　分
自我评价（5分）	1. 能认真参与劳动，积极学习相关的知识和技能 2. 能预先制定劳动计划，围绕劳动目标，有效地完成劳动 3. 能通过网络、社会企业等多种途径调查搜集资料，并对搜集的信息进行有效整理，能从不同角度了解行业、产业和企业信息 4. 能在规定的时间内完成劳动任务，劳动记录及时、真实、完整，文字表达清晰准确 5. 在劳动过程中能虚心听取他人的建议，不断进行自我反省，发现问题能及时更正 6. 能高质量得完成劳动任务，成果显著并有创新	
同学（其他团队、小组）评价（5分）	^	
教师评价（10分）	^	

总 得 分：

劳动任务成绩汇总

序　号	评价内容	赋　分	得　分
1	劳动任务实施计划	10	
2	劳动任务完成过程	50	
3	劳动成果	10	
4	劳动心得体会	10	
5	个人完成效果多方评价	20	
	合　计	100	

公司年会的策划和组织过程考核表

任务类别：☐ 个人任务　　　☐ 团队任务			
个人姓名		班　级	
团队成员		班　级	

阶段任务内容（满分50分）	阶段任务要求、完成情况等	得　分
任务计划单完成情况（5分）	《劳动实施计划表》填写完整，计划科学合理，描述简洁清晰，符合小组合作劳动流程，时间安排合理，可实施性强	
年会活动计划（5分）	活动计划书写完整，主题明确，安排合理，流程详细	
活动经费预算（5分）	各项活动经费预算详细、准确、合理，表格整齐美观	
形象设计、各项文案起草、审核（5分）	主持人形象设计符合主题，化妆、造型适宜。串词、祝酒词、领导讲话稿等语言准确，符合现实情况和应用文写作要求	
会场布置（10分）	会场搭建效果理想，符合主题要求。舞台背景墙、横幅、签名板、花篮、开场PPT、音乐、灯光、音响、话筒、投影、电脑、会场安全等均做出适当安排	
节目组织（10分）	节目类型、编排合理。小游戏、抽奖设置新颖；文艺节目评委、奖项、颁奖人员等均进行适当安排	
会场迎宾（5分）	迎宾服装整齐，仪表符合职业礼仪要求；参会人员的签字及礼品发放有序；燃放礼炮安全合理	
后勤采买（5分）	对活动礼品、奖品、纪念品、食品及其他年会物品的购买、准备、保管和发放适宜合理；与酒店工作人员进行有效沟通、协作	

总得分：

公司年会的策划和组织
个人成绩评价表

姓 名		班 级	
劳动心得体会（总结本次劳动任务的完成情况，掌握了哪些知识和技能、锻炼了哪些能力、体验了哪方面的劳动精神等）（满分10分）			

得 分：

劳动任务个人完成效果多方评价 （满分20分）	评价要求	得 分
自我评价（5分）	1. 能认真参与劳动，积极学习相关的知识和技能 2. 能预先制定劳动计划，围绕劳动目标，有效地完成劳动 3. 能通过网络、社会企业等多种途径调查搜集资料，并对搜集的信息进行有效整理，能从不同角度了解行业、产业和企业信息 4. 能在规定的时间内完成劳动任务，劳动记录及时、真实、完整，文字表达清晰准确 5. 在劳动过程中能虚心听取他人的建议，不断进行自我反省，发现问题能及时更正 6. 能高质量得完成劳动任务，成果显著并有创新	
同学（其他团队、小组）评价（5分）	^	
教师评价（10分）	^	

总 得 分：

劳动任务成绩汇总

序 号	评价内容	赋 分	得 分
1	劳动任务实施计划	10	
2	劳动任务完成过程	50	
3	劳动成果	10	
4	劳动心得体会	10	
5	个人完成效果多方评价	20	
	合　计	100	

学习诚信网络销售
过程考核表

任务类别： □ 个人任务	□ 团队任务		
个人姓名		班 级	
团队成员		班 级	
阶段任务内容（满分50分）	阶段任务要求、完成情况等		得 分
任务计划单完成情况（10分）	《劳动实施计划表》填写完整，计划科学合理，描述简洁清晰，符合劳动流程，时间安排合理，可实施性强		
讲解网络销售流程和方法（10分）	通过学习了解网络销售流程，能够清晰讲解网络销售流程，方法明确		
模拟网上销售（10分）	选定一种主营产品，创建一个淘宝店铺。店铺基本设置齐全，风格鲜明。产品照片色调真实、信息全面		
模拟网上销售和退换货（10分）	网上销售和退换货流程操作准确，销售人员和客服人员的模拟销售活动完成良好，服务周到		
网络销售体会汇报（10分）	1. 汇报内容准确、逻辑清晰，语言简练 2. 对网络销售中诚信的重要性有深刻体会		
总 得 分：			

学习诚信网络销售
个人成绩评价表

姓　名		班　级	
劳动心得体会（总结本次劳动任务的完成情况，掌握了哪些知识和技能、锻炼了哪些能力、体验了哪方面的劳动精神等）（满分 10 分）			

得　分：

劳动任务个人完成效果多方评价 （满分 20 分）	评价要求	得　分
自我评价（5分）	1. 能认真参与劳动，积极学习相关的知识和技能 2. 能预先制定劳动计划，围绕劳动目标，有效地完成劳动 3. 能通过网络、社会企业等多种途径调查搜集资料，并对搜集的信息进行有效整理，能从不同角度了解行业、产业和企业信息 4. 能在规定的时间内完成劳动任务，劳动记录及时、真实、完整，文字表达清晰准确 5. 在劳动过程中能虚心听取他人的建议，不断进行自我反省，发现问题能及时更正 6. 能高质量得完成劳动任务，成果显著并有创新	
同学（其他团队、小组）评价（5分）	~	
教师评价（10分）	~	

总得分：

劳动任务成绩汇总

序　号	评价内容	赋　分	得　分
1	劳动任务实施计划	10	
2	劳动任务完成过程	50	
3	劳动成果	10	
4	劳动心得体会	10	
5	个人完成效果多方评价	20	
	合　计	100	

诚实维修——以小家电"电热水壶"维修为例过程考核表

任务类别：□ 个人任务　　□ 团队任务			
个人姓名		班级	
团队成员		班级	

阶段任务内容（满分 50 分）	阶段任务要求、完成情况等	得　分
任务计划单完成情况（5 分）	《劳动实施计划表》填写完整，计划科学合理，描述简洁清晰，符合劳动流程，时间安排合理，可实施性强	
讲解电热水壶的结构和工作原理（5 分）	讲解清晰准确，语言简练，逻辑性强	
模拟电热水壶漏电的维修过程（10 分）	维修过程准确恰当，小组成员遵守劳动规范，按照方案执行良好，各成员之间相互配合，沟通顺畅	
模拟电热水壶不能自动断电的维修过程（10 分）	维修过程准确恰当，小组成员遵守劳动规范，按照方案执行良好，各成员之间相互配合，沟通顺畅	
模拟电热水壶通电后不加热，指示灯不亮的维修过程（10 分）	维修过程准确恰当，小组成员遵守劳动规范，按照方案执行良好，各成员之间相互配合，沟通顺畅	
模拟电热水壶加热速度慢的维修过程（10 分）	维修过程准确恰当，小组成员遵守劳动规范，按照方案执行良好，各成员之间相互配合，沟通顺畅	

总 得 分：

诚实维修——以小家电"电热水壶"维修为例
个人成绩评价表

姓 名		班 级	
劳动心得体会（总结本次劳动任务的完成情况，掌握了哪些知识和技能、锻炼了哪些能力、体验了哪方面的劳动精神等）（满分10分）			

得 分：

劳动任务个人完成效果多方评价（满分20分）	评价要求	得 分
自我评价（5分）	1. 能认真参与劳动，积极学习相关的知识和技能 2. 能预先制定劳动计划，围绕劳动目标，有效地完成劳动 3. 能通过网络、社会企业等多种途径调查搜集资料，并对搜集的信息进行有效整理，能从不同角度了解行业、产业和企业信息 4. 能在规定的时间内完成劳动任务，劳动记录及时、真实、完整，文字表达清晰准确 5. 在劳动过程中能虚心听取他人的建议，不断进行自我反省，发现问题能及时更正 6. 能高质量得完成劳动任务，成果显著并有创新	
同学（其他团队、小组）评价（5分）	^	
教师评价（10分）	^	

总 得 分：

劳动任务成绩汇总

序 号	评价内容	赋 分	得 分
1	劳动任务实施计划	10	
2	劳动任务完成过程	50	
3	劳动成果	10	
4	劳动心得体会	10	
5	个人完成效果多方评价	20	
	合 计	100	

手工编绳饰品的制作和销售
过程考核表

任务类别：□ 个人任务 □ 团队任务			
个人姓名		班 级	
团队成员		班 级	
阶段任务内容（满分50分）	阶段任务要求、完成情况等		得 分
组建团队（5分）	快速组建团队，在教师指定讨论位置坐好，成员推选组长，组长愿意承担团队管理任务		
材料以及工具准备（5分）	每组的材料以及相关工具准备是否齐全		
产品市场调研（5分）	根据产品市场调研，写出调研报告		
产品制作完成情况（15分）	根据要求，完成产品设计和制作，根据产品样式、质量与数量进行考核		
网络销售（20分）	对产品进行网络宣传和销售，根据销售的形式和金额进行考核		
总 得 分：			

手工编绳饰品的制作和销售
个人成绩评价表

姓　名		班　级	
劳动心得体会（总结本次劳动任务的完成情况，掌握了哪些知识和技能、锻炼了哪些能力、体验了哪方面的劳动精神等）（满分10分）			

得　分：

劳动任务个人完成效果多方评价 （满分20分）	评价要求	得　分
自我评价（5分）	1. 能认真参与劳动，积极学习相关的知识和技能 2. 能预先制定劳动计划，围绕劳动目标，有效地完成劳动 3. 能通过网络、社会企业等多种途径调查搜集资料，并对搜集的信息进行有效整理，能从不同角度了解行业、产业和企业信息 4. 能在规定的时间内完成劳动任务，劳动记录及时、真实、完整，文字表达清晰准确 5. 在劳动过程中能虚心听取他人的建议，不断进行自我反省，发现问题能及时更正 6. 能高质量得完成劳动任务，成果显著并有创新	
同学（其他团队、小组）评价（5分）	:::	
教师评价（10分）	:::	

总 得 分：

劳动任务成绩汇总

序　号	评价内容	赋　分	得　分
1	劳动任务实施计划	10	
2	劳动任务完成过程	50	
3	劳动成果	10	
4	劳动心得体会	10	
5	个人完成效果多方评价	20	
	合　计	100	

撰写创业计划书
过程考核表

任务类别： □ 个人任务		□ 团队任务	
个人姓名		班　级	
团队成员		班　级	

阶段任务内容（满分50分）	阶段任务要求、完成情况等	得　分
任务准备情况（5分）	前期基础知识准备：专业知识、创新创业基础等相关知识梳理总结，行业调研、产品项目调研等	
任务计划单完成情况（5分）	《劳动实施计划表》填写完整，计划科学合理，描述简洁清晰，符合任务制作流程，时间安排合理，可实施性强	
创业项目分析（10分）	创业项目（或服务）的内容及独特性；目标顾客有哪些，产品（或服务）能给顾客带来的价值；核心技术情况	
市场分析（10分）	相关产业发展现状与市场规模；产业发展趋势预测及盈利潜力；竞争者优劣势、自身优势及策略分析	
营销分析（10分）	产品（或服务）定价策略，销售方式、营销策略，促销策略；广告方式等	
撰写计划书（10分）	（1）创业计划书采用正规的公文语言，用词通俗易懂，表达准确 （2）详略有度，篇幅得当，在创业计划书的撰写中要遵循简洁明晰的原则，根据自身的特点突出自己项目的优势 （3）要素齐全，内容具体，能够突出项目（或服务）的核心价值及独到之处，明确目标顾客并进行市场细分，分析竞争对手，体现自己的突出优势，介绍企业的运营模式和盈利点 （4）条理清晰、逻辑清楚、结构合理、目录完整层次分明，通过阅读目录就能清楚整个创业计划书的总体思路，有很强的逻辑性 （5）资料充足，有理有据，无空话套话和没有依据的主观臆断，结论均有佐证资料	

总 得 分：

撰写创业计划书
个人成绩评价表

姓 名		班 级	
劳动心得体会（总结本次劳动任务的完成情况，掌握了哪些知识和技能、锻炼了哪些能力、体验了哪方面的劳动精神等）（满分10分）			

得 分：

劳动任务个人完成效果多方评价 （满分20分）	评价要求	得 分
自我评价（5分）	1. 能认真参与劳动，积极学习相关的知识和技能 2. 能预先制定劳动计划，围绕劳动目标，有效地完成劳动 3. 能通过网络、社会企业等多种途径调查搜集资料，并对搜集的信息进行有效整理，能从不同角度了解行业、产业和企业信息 4. 能在规定的时间内完成劳动任务，劳动记录及时、真实、完整，文字表达清晰准确 5. 在劳动过程中能虚心听取他人的建议，不断进行自我反省，发现问题能及时更正 6. 能高质量得完成劳动任务，成果显著并有创新	
同学（其他团队、小组）评价（5分）	^	
教师评价（10分）	^	

总 得 分：

劳动任务成绩汇总

序 号	评价内容	赋 分	得 分
1	劳动任务实施计划	10	
2	劳动任务完成过程	50	
3	劳动成果	10	
4	劳动心得体会	10	
5	个人完成效果多方评价	20	
	合 计	100	

体验现代科技条件下劳动实践新形态、新方式过程考核表

任务类别：□ 个人任务　　　□ 团队任务		
个人姓名		班　级	
团队成员		班　级	

阶段任务内容（满分50分）	阶段任务要求、完成情况等	得　分
任务准备情况（5分）	前期知识准备：专业知识、行业发展、产业前沿信息等相关知识的梳理总结，企业调研等	
任务计划单完成情况（5分）	《劳动实施计划表》填写完整，计划科学合理，描述简洁清晰，符合任务制作流程，时间安排合理，可实施性强	
企业情况（10分）	参观企业的基本信息，企业类型、所在行业、产品特点、生产（服务）流程、生产岗位配置	
岗位分析（10分）	企业生产流程和工艺过程，生产设备，岗位职责，岗位要求	
参观过程（10分）	参观流程，参观内容，安全守则，企业管理规定，员工管理制度，生产制度等信息	
心得体会（10分）	对现代化科技企业的理解和认识，岗位工作分析，未来的职业规划等	
总 得 分：		

体验现代科技条件下劳动实践新形态、新方式个人成绩评价表

姓　名		班　级	
劳动心得体会（总结本次劳动任务的完成情况，掌握了哪些知识和技能、锻炼了哪些能力、体验了哪方面的劳动精神等）（满分10分）			

得　分：

劳动任务个人完成效果多方评价（满分20分）	评价要求	得　分
自我评价（5分）	1. 能认真参与劳动，积极学习相关的知识和技能 2. 能预先制定劳动计划，围绕劳动目标，有效地完成劳动 3. 能通过网络、社会企业等多种途径调查搜集资料，并对搜集的信息进行有效整理，能从不同角度了解行业、产业和企业信息 4. 能在规定的时间内完成劳动任务，劳动记录及时、真实、完整，文字表达清晰准确 5. 在劳动过程中能虚心听取他人的建议，不断进行自我反省，发现问题能及时更正 6. 能高质量得完成劳动任务，成果显著并有创新	
同学（其他团队、小组）评价（5分）	^	
教师评价（10分）	^	

总　得　分：

劳动任务成绩汇总

序　号	评价内容	赋　分	得　分
1	劳动任务实施计划	10	
2	劳动任务完成过程	50	
3	劳动成果	10	
4	劳动心得体会	10	
5	个人完成效果多方评价	20	
	合　计	100	

职业劳动实践
过程考核表

任务类别：□ 个人任务	□ 团队任务		
个人姓名		班　级	
团队成员		班　级	
阶段任务内容（满分50分）	阶段任务要求、完成情况等		得　分
任务准备情况（5分）	前期知识准备：专业知识、行业发展、产业前沿信息等相关知识梳理总结，企业调研等		
任务计划单完成情况（5分）	《劳动实施计划表》填写完整，计划科学合理，描述简洁清晰，符合任务制作流程，时间安排合理，可实施性强		
企业情况（10分）	实践企业的基本信息，企业类型、所在行业、产品特点、生产（服务）流程、生产岗位配置		
岗位分析（10分）	企业生产流程和工艺过程，生产设备，岗位职责，岗位要求		
实践过程（10分）	实践劳动流程，劳动内容，劳动要求守则，企业管理规定，员工管理制度，生产制度等信息		
心得体会（10分）	对企业中职业劳动的理解和认识、岗位工作分析、技能要求、新形态劳动工作特点 　　针对我国未来制造业发展的重点领域，结合所学专业指导完善自己的未来的职业规划		
总　得　分：			

职业劳动实践
个人成绩评价表

姓　名		班　级	
劳动心得体会（总结本次劳动任务的完成情况，掌握了哪些知识和技能、锻炼了哪些能力、体验了哪方面的劳动精神等）（满分10分）			

得　分：

劳动任务个人完成效果多方评价（满分20分）	评价要求	得　分
自我评价（5分）	1. 能认真参与劳动，积极学习相关的知识和技能 2. 能预先制定劳动计划，围绕劳动目标，有效地完成劳动 3. 能通过网络、社会企业等多种途径调查搜集资料，并对搜集的信息进行有效整理，能从不同角度了解行业、产业和企业信息 4. 能在规定的时间内完成劳动任务，劳动记录及时、真实、完整，文字表达清晰准确 5. 在劳动中能虚心听取他人的建议，不断进行自我反省，发现问题能及时更正 6. 能高质量得完成劳动任务，成果显著并有创新	
同学（其他团队、小组）评价（5分）		
教师评价（10分）		

总 得 分：

劳动任务成绩汇总

序 号	评价内容	赋 分	得 分
1	劳动任务实施计划	10	
2	劳动任务完成过程	50	
3	劳动成果	10	
4	劳动心得体会	10	
5	个人完成效果多方评价	20	
	合　　计	100	